LA STRATÉGIE NAVALE expliquée à Thibault

SOMMAIRE

Pourquoi faut-il une Marine de guerre ? Comment la Marine nationale de 2003 s'adapte-t-elle aux exigences d'un monde en pleine mutation, soumis depuis une vingtaine d'années à une série de bouleversements de grande ampleur, politiques et stratégiques, économiques et sociaux, scientifiques et techniques, dans le contexte de la mondialisation ?

Plus que jamais nos concitoyens sont en droit d'attendre des pouvoirs publics des informations claires et complètes, compréhensibles et bien documentées, sur le rôle et l'état de leurs Forces armées. Comme tous ces bouleversements ont remis en cause beaucoup des repères traditionnels et des concepts antérieurs, il est indispensable de fournir à l'opinion publique les éléments d'une connaissance objective des questions essentielles concernant la défense de nos intérêts vitaux et de notre sécurité. C'est notamment le cas pour la Marine car la composante maritime n'a jamais fait partie intégrante de notre culture nationale ; nos compatriotes connaissent mal les missions des forces navales et les conditions dans lesquelles elles les remplissent au service de la Nation, de l'Europe et de la stabilité du monde.

C'est pourquoi il faut se féliciter de la publication de cet ouvrage. Ne dit-on pas qu'un bon croquis vaut mieux qu'un long discours ? Je suis pour ma part convaincu depuis longtemps des avantages d'une pédagogie destinée à atteindre un large public, notamment les jeunes. C'est d'ailleurs dans cet esprit que, dans les années 80, j'avais rédigé sous le titre "*Stratégies Navales du présent*", un essai destiné à expliquer, en grande partie au moyen de schémas, de récits et de tableaux, les fondements de l'art de la guerre navale dans les conditions de l'époque.

Certains des changements qui sont survenus dans les vingt années suivantes n'étaient guère prévisibles, alors que d'autres s'inscrivaient déjà dans les évolutions perceptibles aux yeux des observateurs avertis. Ainsi l'événement stratégique majeur a été la disparition de la menace de la Marine soviétique. En mer, comme sur terre et dans les airs, les forces armées des démocraties occidentales sont depuis lors "privées d'ennemi" du fait de la dissolution de l'URSS. La perspective de batailles navales de grande ampleur s'est éloignée, au même titre que la menace d'une guerre sous-marine susceptible de rompre les communications maritimes entre l'Amérique et l'Europe occidentale. Si la suprématie de l'US Navy sur toutes les mers du monde est plus que jamais incontestable, les avancées technologiques que les Américains avaient été les premiers à mettre en œuvre, ne sont plus leur monopole absolu. En 1986, les enseignements de la "guerre des Malouines" avaient confirmé plusieurs des pronostics que j'avais avancés en 1981 dans une première édition de mon livre : le sous-marin d'attaque à propulsion nucléaire est devenu, à côté du porte-avions, le "*capital ship*" des marines modernes ; la guerre électronique, les missiles et l'espace, sont désormais des éléments décisifs pour les marines de guerre.

On le voit bien dans cet album qui, par ailleurs, illustre à merveille la raison d'être et les modalités de la mise en œuvre de nos forces maritimes dans le monde contemporain. En évoquant certaines de leurs plus récentes interventions au-delà des mers et dans les approches maritimes du territoire métropolitain, il montre que les hommes et les femmes de la Marine nationale sont capables de relever les défis de la modernité et de tenir leur rang dans la coopération interarmées et interalliée pour demeurer un atout majeur de la puissance nationale dans le concert européen et la société internationale.

Amiral (c.r.) Pierre LACOSTE

Thibault et la Marine

NOUS AVONS DÉCOUVERT LA CURIOSITÉ DE THIBAULT POUR LA MARINE DANS L'ALBUM "EN AVANT TOUTE !" PARU EN NOVEMBRE 2001. IL SE PASSIONNAIT ALORS POUR LES BATEAUX, AVIONS ET SOUS-MARINS DE LA MARINE D'AUJOURD'HUI ET DE DEMAIN.

THIBAULT REPREND SA FONCTION DE REPORTER SPÉCIAL POUR NOUS FAIRE DÉCOUVRIR LA STRATÉGIE NAVALE.

IL OBTIENT SUCCESSIVEMENT DES RÉPONSES AUX QUATRE GRANDS THÈMES SUIVANTS :

- POURQUOI UNE MARINE ?
- DES MARINS QUI DISSUADENT,
- DES MARINS QUI AGISSENT AU BOUT DU MONDE,
- LES MARINS QUI SAUVENT ET QUI GARDENT.

La première règle de la stratégie navale est celle des trois 75.

Parce que

75 % de la population mondiale vivent à moins de 300 km des côtes.

Parce que

75 % des marchandises du commerce extra-communautaire empruntent la voie des océans.

Parce que

75 % du globe sont couverts par les océans.

Sur ces océans, nulle frontière, nulle barrière.

Ce sont des espaces libres. On peut partir de Brest en bateau et faire le tour du monde sans jamais traverser une frontière, sans jamais demander une autorisation, sans jamais passer par un péage.

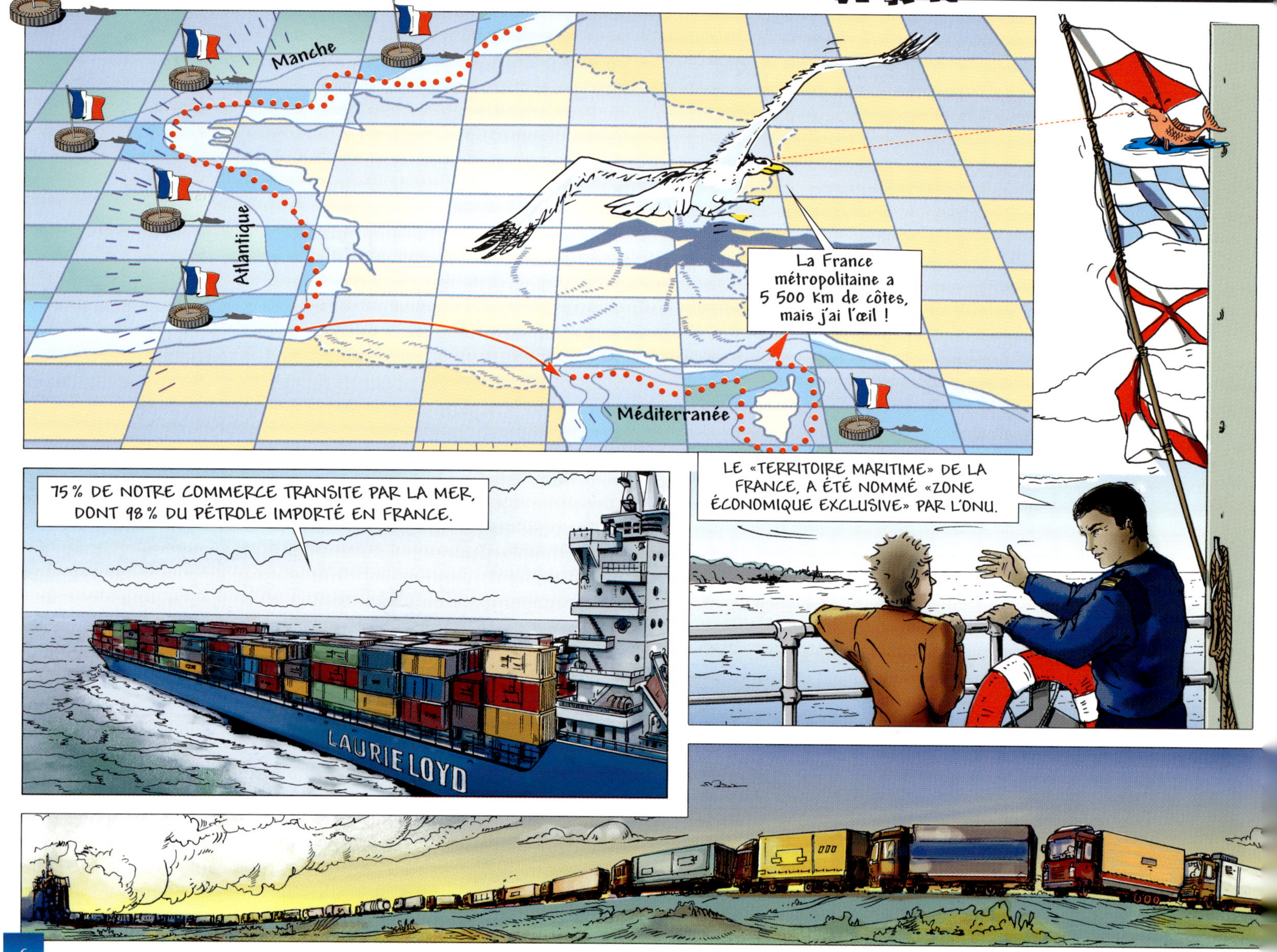
Manche
Atlantique
Méditerranée
La France métropolitaine a 5 500 km de côtes, mais j'ai l'œil !
75 % DE NOTRE COMMERCE TRANSITE PAR LA MER, DONT 98 % DU PÉTROLE IMPORTÉ EN FRANCE.
LAURIE LOYD
LE «TERRITOIRE MARITIME» DE LA FRANCE, A ÉTÉ NOMMÉ «ZONE ÉCONOMIQUE EXCLUSIVE» PAR L'ONU.

75 % des marchandises du commerce extra-communautaire passent un jour ou l'autre sur un bateau parce que c'est le chemin le plus facile, le moins cher. Le commerce maritime a été multiplié par 8 en 50 ans et représente plus de 5 milliards de tonnes (300 000 Tours Eiffel). Ce succès est aisé à comprendre lorsqu'on sait qu'il coûte moins cher de faire traverser l'Atlantique à une tonne de blé que de prendre le taxi à Paris entre les gares de Saint-Lazare et de Montparnasse. Il faut cinq fois moins de pétrole pour transporter cette tonne en bateau plutôt que par le chemin de fer et dix fois moins que par la route. Les nouveaux bateaux de marchandises, les porte-conteneurs, ont des capacités extraordinaires, l'équivalent d'un bouchon ininterrompu de camions entre Rouen et Paris pour un "8 000 boîtes".

Les départements et territoires d'outremer △ (DOM/TOM) et les autres îles françaises

Guadeloupe

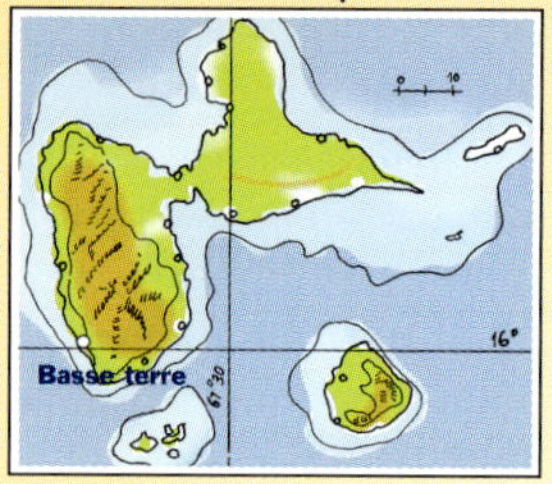

Mooréa Tahiti

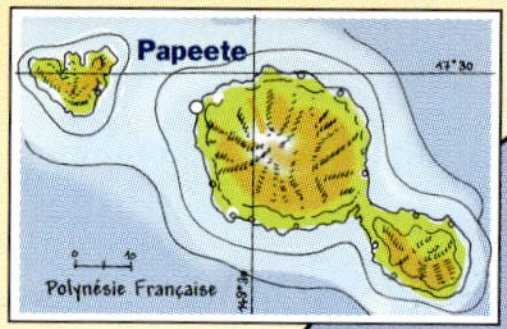

Saint-Pierre et Miquelon

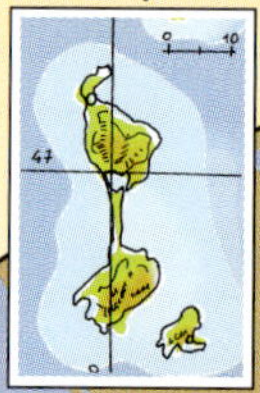

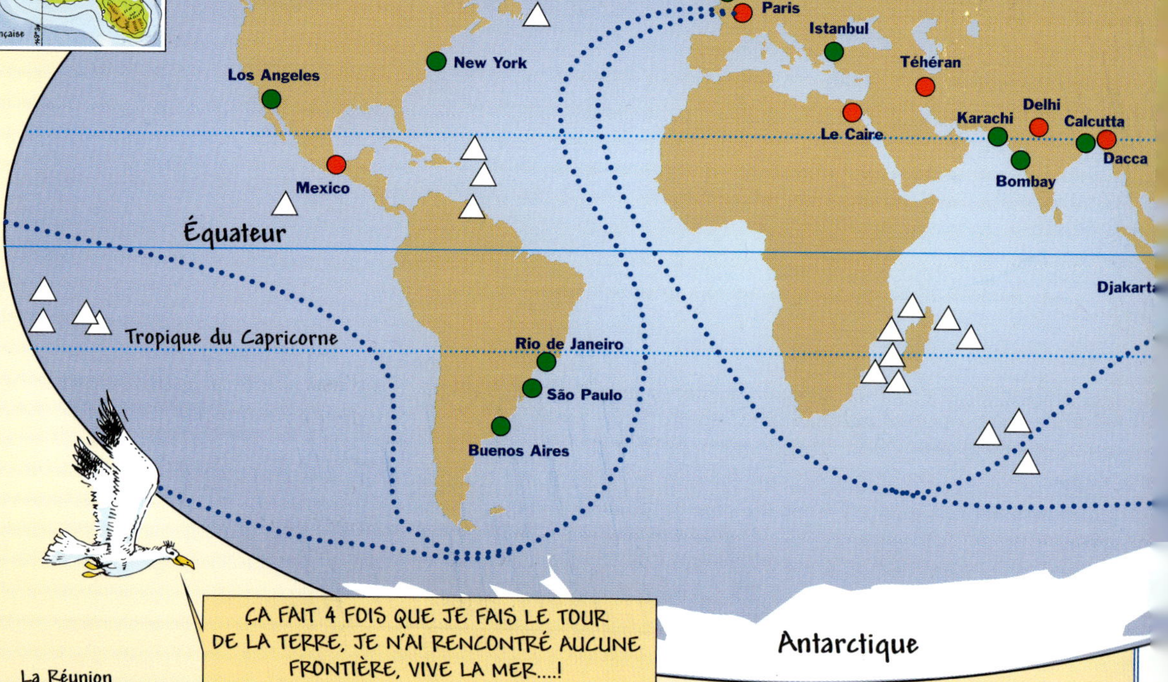

Martinique

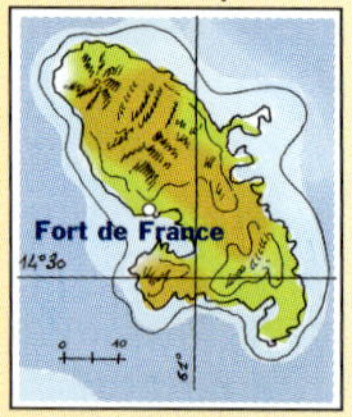

Et aussi...

- Mayotte
- Les îles Éparses (Glorieuses-Tromelin, Juan de Nova, Bassa da India, Europa)
- Clipperton
- Saint-Paul
- Crozet
- Amsterdam

Question : tu saurais les situer ?

La Guyane

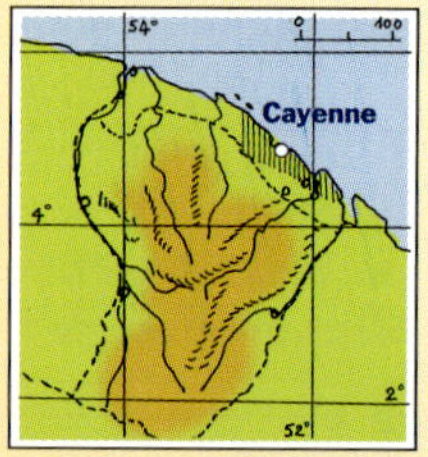

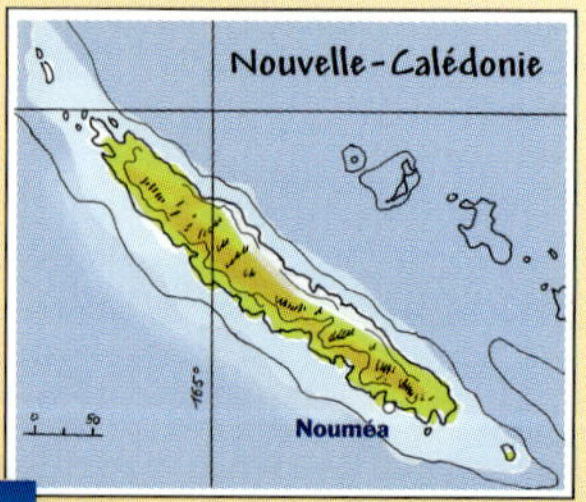

La Réunion

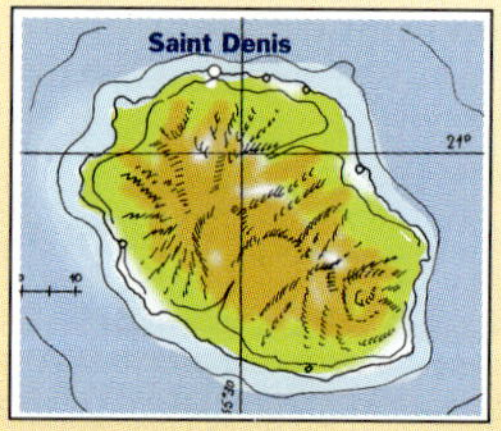

Kerguelen

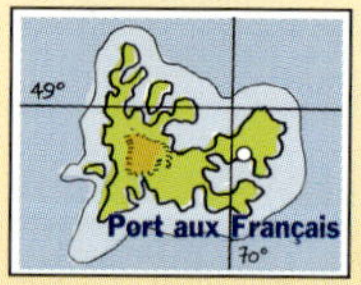

Wallis

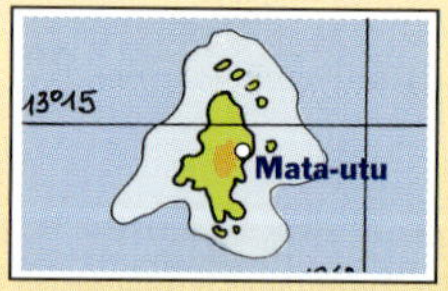

Futuna

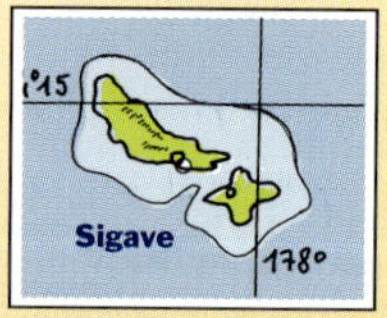

Terre Adélie

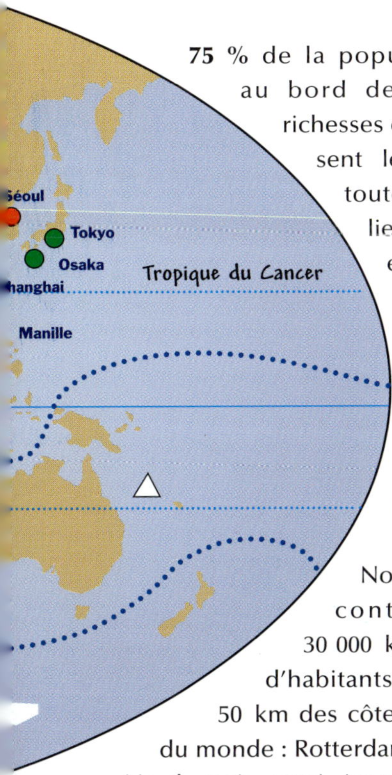

75 % de la population mondiale vivent au bord de l'océan. Parce que les richesses et les marchandises traversent les mers, les ports sont de toute évidence les premiers lieux de développement. Il existe dans le monde 23 mégalopoles de plus de 8 millions d'habitants : seules 8 d'entre elles ne sont pas des ports (Paris, Séoul, Delhi, Mexico, Téhéran, Moscou, Le Caire, Dacca).

Notre Europe est un grand continent maritime avec 30 000 km de côtes, 171 millions d'habitants qui vivent à moins de 50 km des côtes, avec le plus grand port du monde : Rotterdam, poumon de l'Europe du Nord, mais aussi Anvers, Hambourg, Le Havre, Marseille, Gênes, Algésiras. Avec une histoire maritime exceptionnelle, celle des hommes (Gênois, Espagnols, Portugais, Anglais, Hollandais, Français) qui ont découvert le monde, bâti la richesse et la puissance de leurs nations.

La France enfin, cap occidental de l'Europe, baigne 5 500 km de côtes. Avec les Dom et les Tom, lui revient un territoire maritime (la Zone Economique Exclusive) de 11 millions de km^2 (22 fois la France), le troisième au monde. Elle est riveraine de tous les océans du monde.

Les océans, patrimoine commun de l'humanité, jouent un rôle central dans l'organisation et le développement du monde. C'est la raison pour laquelle notre pays entretient une grande marine océanique présente sur toutes les mers du globe.

On lui demande principalement :
- d'assurer l'essentiel de la dissuasion nucléaire,
- de déployer rapidement à l'autre extrémité du monde une force redoutable œuvrant avec les autres armées et nos alliés afin de défendre nos intérêts et les valeurs qui nous sont chères,
- de protéger nos approvisionnements (marchandises, pétrole),
- de protéger notre pays et ses ressources maritimes.

La stratégie est l'art de faire évoluer une armée sur un théâtre d'opérations jusqu'au moment où elle entre en contact avec l'ennemi. Pour la Marine, le théâtre d'opérations est la mer.

Comme les pièces d'un jeu d'échec, la stratégie navale utilise des bateaux, des sous-marins, des avions et des commandos pour remplir trois grands objectifs : la dissuasion, l'action et la sauvegarde.

Comme aux échecs, il y a des pièces maîtresses : les sous-marins nucléaires lanceurs d'engins pour la dissuasion, le porte-avions pour l'action, les sémaphores pour la sauvegarde. Mais toutes les autres pièces : bateaux, sous-marins, avions, commandos, permettent de jouer sur les trois tableaux de la dissuasion, de l'action et de la sauvegarde. C'est là toute l'astuce, avoir des pièces même mineures qui servent plusieurs objectifs. Aux échecs, on appelle cela la prise en fourchette.

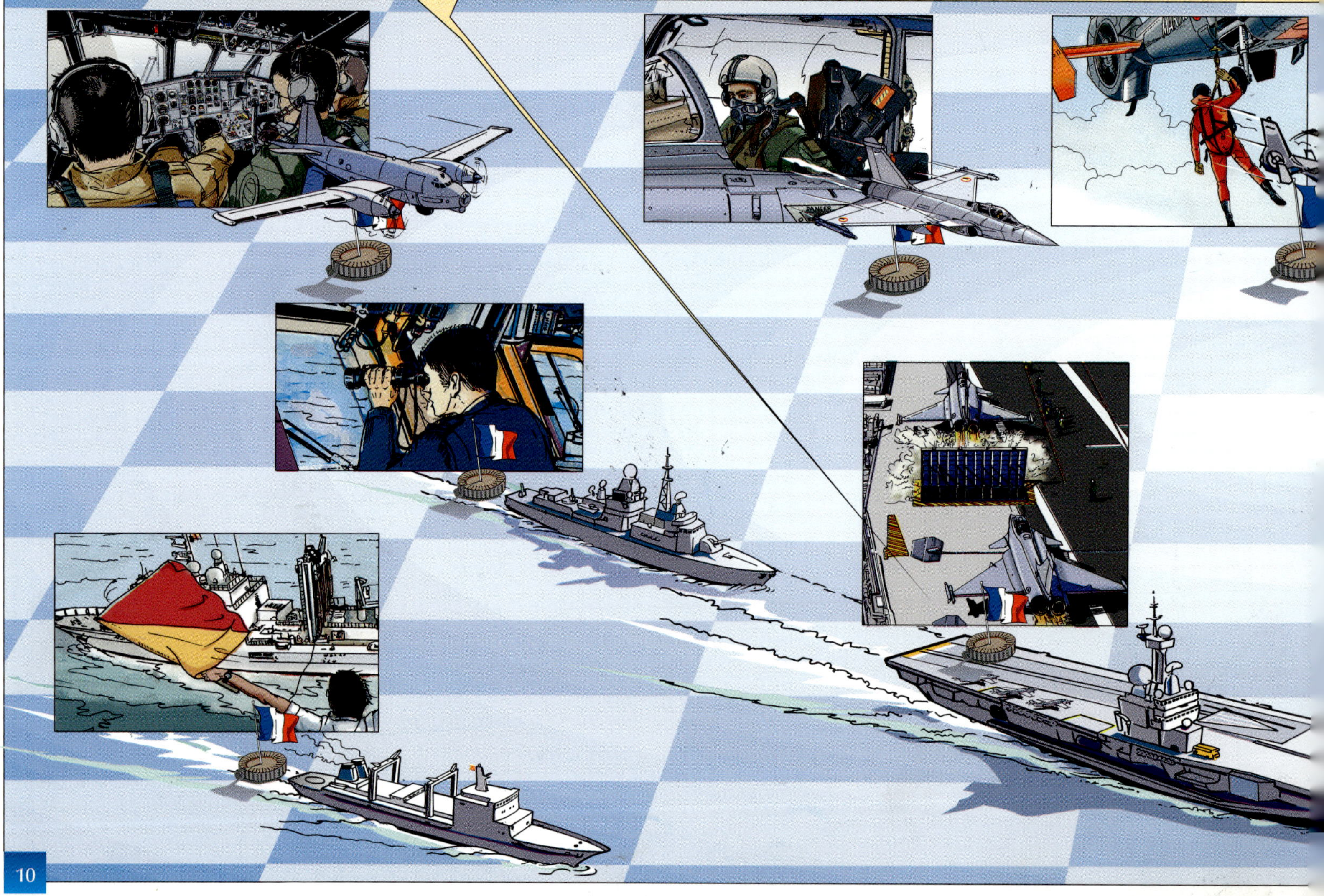

Les pièces de la STRATEGIE NAVALE

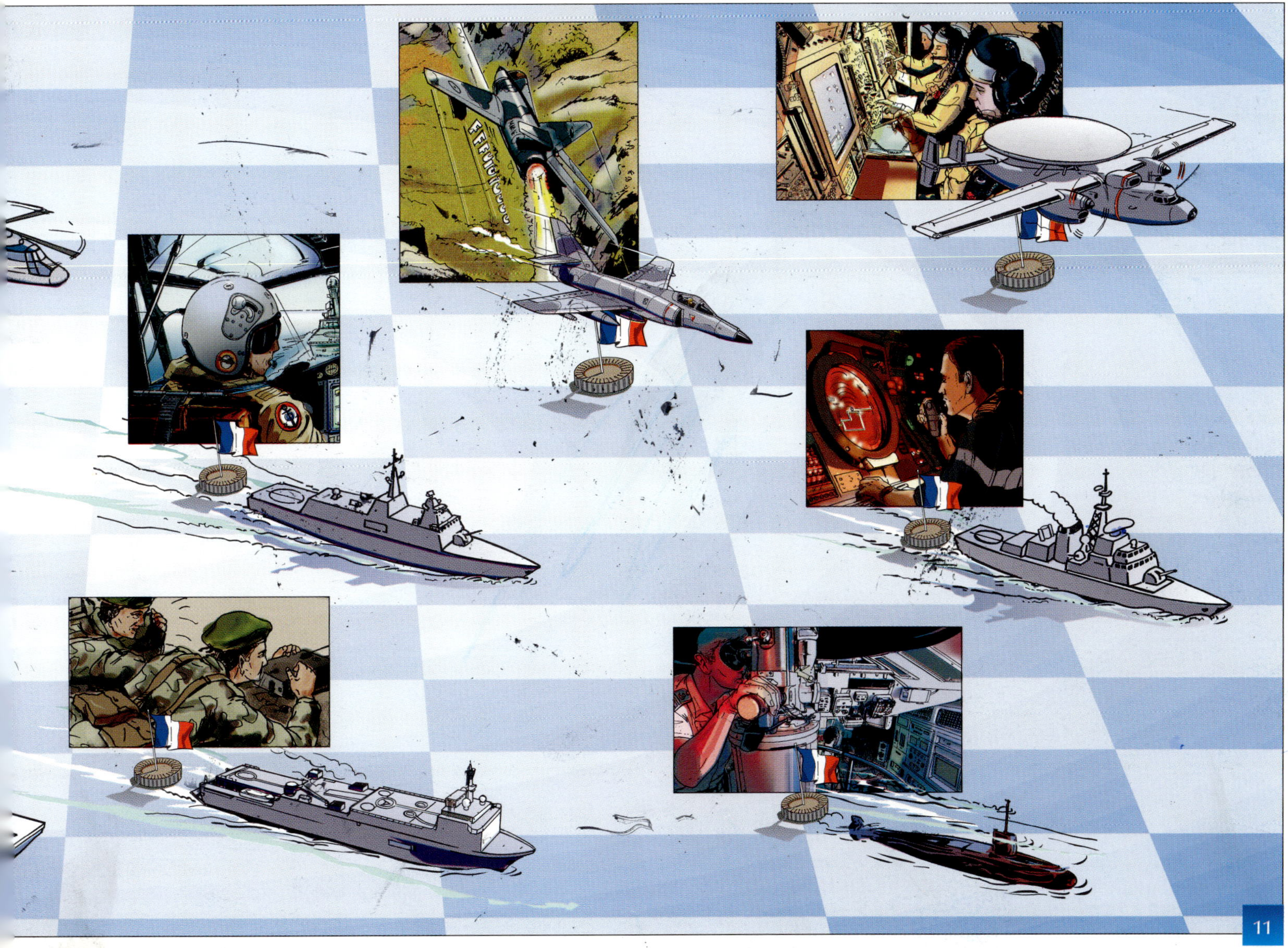

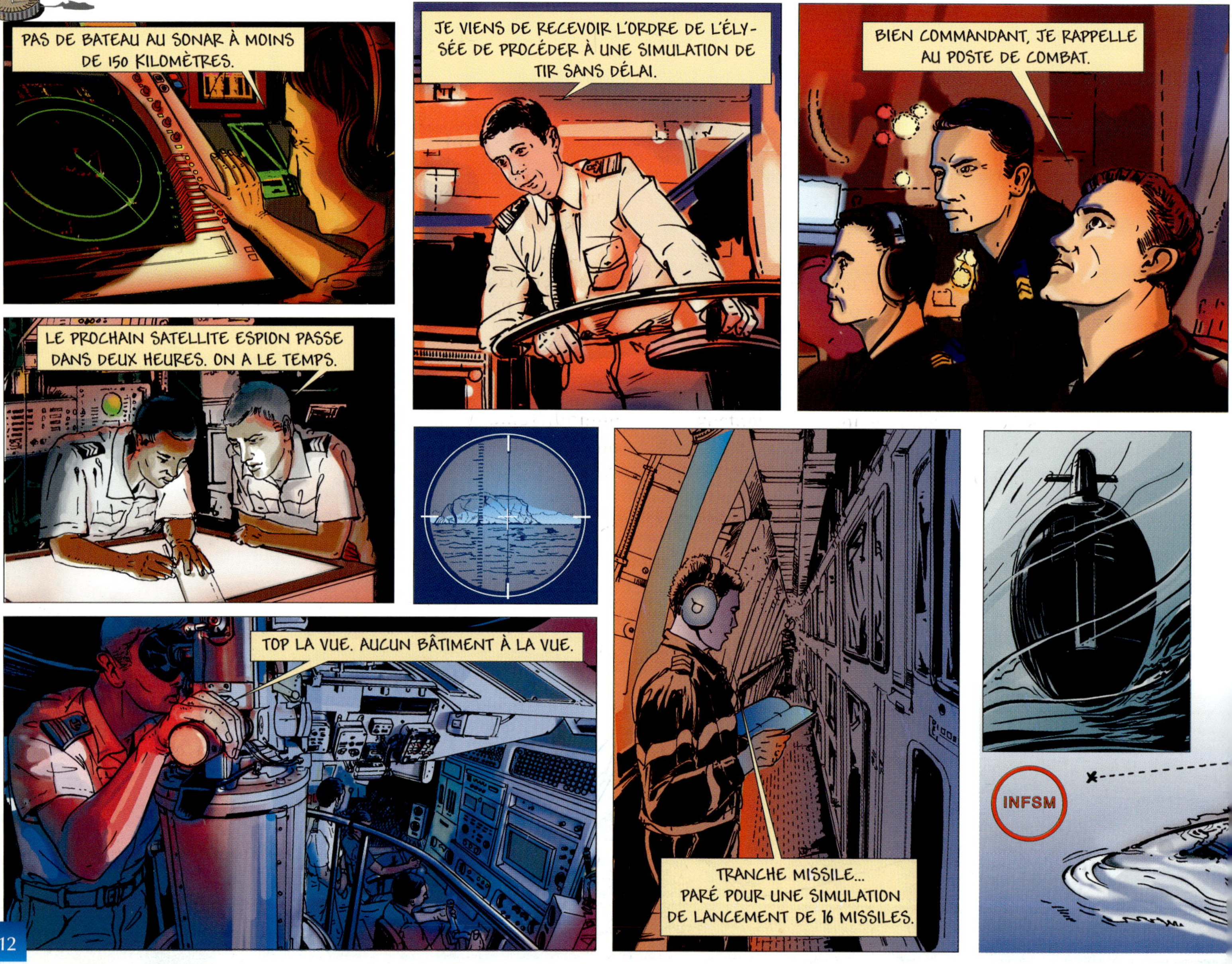
PAS DE BATEAU AU SONAR À MOINS DE 150 KILOMÈTRES.
JE VIENS DE RECEVOIR L'ORDRE DE L'ÉLYSÉE DE PROCÉDER À UNE SIMULATION DE TIR SANS DÉLAI.
BIEN COMMANDANT, JE RAPPELLE AU POSTE DE COMBAT.
LE PROCHAIN SATELLITE ESPION PASSE DANS DEUX HEURES. ON A LE TEMPS.
TOP LA VUE. AUCUN BÂTIMENT À LA VUE.
TRANCHE MISSILE... PARÉ POUR UNE SIMULATION DE LANCEMENT DE 16 MISSILES.
INFSM

Dissuader pour sauvegarder nos intérêts vitaux

Qu'est-ce qu'un "sous-marin nucléaire" ?

Le sous-marin nucléaire a un moteur atomique, en réalité une machine à vapeur. La chaleur qui transforme l'eau en vapeur est produite par la radioactivité d'un cœur d'uranium. Il suffit de moins de 10 grammes d'uranium pour qu'un sous-marin de 15 000 tonnes fasse le tour du monde au milieu de l'océan opaque. Sa discrétion lui permet de se fondre totalement dans le bruit naturel de la mer. Il est introuvable. Personne ne peut savoir où se cachent les seize missiles stratégiques intercontinentaux dotés chacun de six têtes nucléaires que transporte le SNLE (sous-marin nucléaire lanceur d'engins).

Est-ce qu'on a déjà tiré des missiles stratégiques intercontinentaux contre un ennemi ?

Non jamais, et on n'en tirera jamais tant que nos adversaires penseront que nous pourrions le faire, tant qu'ils craindront que nous leur infligions les dégâts terrifiants de la frappe nucléaire. C'est ça la dissuasion. Pour qu'elle fonctionne, c'est-à-dire pour qu'on ne tire jamais et que notre pays reste en paix, il faut que les *SNLE* soient indétectables et que personne ne doute de leur capacité à exécuter immédiatement l'ordre de tir que donnerait le président de la République et lui seulement, en cas de menace vitale pour notre pays. La dissuasion fonctionne depuis plus de 30 ans, 24 heures sur 24, 365 jours par an.

110 PERSONNES, À BORD. ÉQUIPAGE COMPLET COMMANDANT.
LARGUEZ PARTOUT !
LE SNLE LE TRIOMPHANT FAIT 138 MÈTRES DE LONG ET PÈSE LE POIDS DE LA TOUR EIFFEL.
TRIOMPHANT DE BELUGA, J'AI RÉCUPÉRÉ VOS ENTRAÎNEURS, BONNE PATROUILLE !
GRÂCE À L'HÉLICE PUMP-JET, LE TRIOMPHANT FAIT MOINS DE BRUIT QU'UN ASPIRATEUR DERNIER MODÈLE.
NOUVELLE DÉTECTION. BÂTIMENT DE COMMERCE DANS LE NORD. DISTANCE ESTIMÉE 280 KILOMÈTRES.
IMMERSION : 300 MÈTRES. RONDE D'ÉTANCHÉITÉ.
CHAQUE MISSILE PÈSE 36 TONNES, MESURE 11 MÈTRES DE LONG POUR 2 M DE DIAMÈTRE. SA PORTÉE EST DE 6 000 KM.

Comment se passe la mission des *SNLE* ?

La mission d'un *SNLE* dure environ 70 jours pendant lesquels il reste tapi en immersion profonde dans l'un des océans du monde, c'est la patrouille. Rester caché, indétectable, prêt à recevoir l'ordre du président, telle est l'obsession du commandant qui est le seul à bord à savoir où se trouve exactement le sous-marin. Le *SNLE* se déplace donc dans la plus grande discrétion, jamais de mouvement brusque, jamais d'indiscrétion en surface, toujours aux aguets, à l'écoute. Dans la coque du géant, l'équipage entretient avec une extrême méticulosité les 16 missiles et les systèmes de télécommunication et de navigation.

Aujourd'hui, il doit toujours y avoir au moins un *SNLE* en patrouille. Pour tenir cet engagement quoi qu'il arrive, la Marine a quatre *SNLE* : *Le Triomphant*, *Le Téméraire*, *L'Inflexible* et *L'Indomptable*, bientôt remplacé par *Le Vigilant*.

Quand l'un est en patrouille, le deuxième l'est également ou peut l'être à très bref délai, le troisième sous-marin est en entretien de routine et le quatrième en grande révision.
Si les *SNLE* constituent la principale composante de la dissuasion, les *Super-Etendard* du *Charles de Gaulle* et les *Mirage 2 000 N* de l'armée de l'Air sont également capables de mettre en œuvre le missile *ASMP* à charge nucléaire.

La dissuasion, ce n'est donc pas seulement l'affaire du *SNLE* qui patrouille, mais celle de toute la flotte des sous-marins, du porte-avions, des *Mirage*, de leurs équipages, des satellites de télécommunication, des bateaux qui protègent les *SNLE*, des ingénieurs et des ouvriers qui les entretiennent dans leur base de l'île Longue.

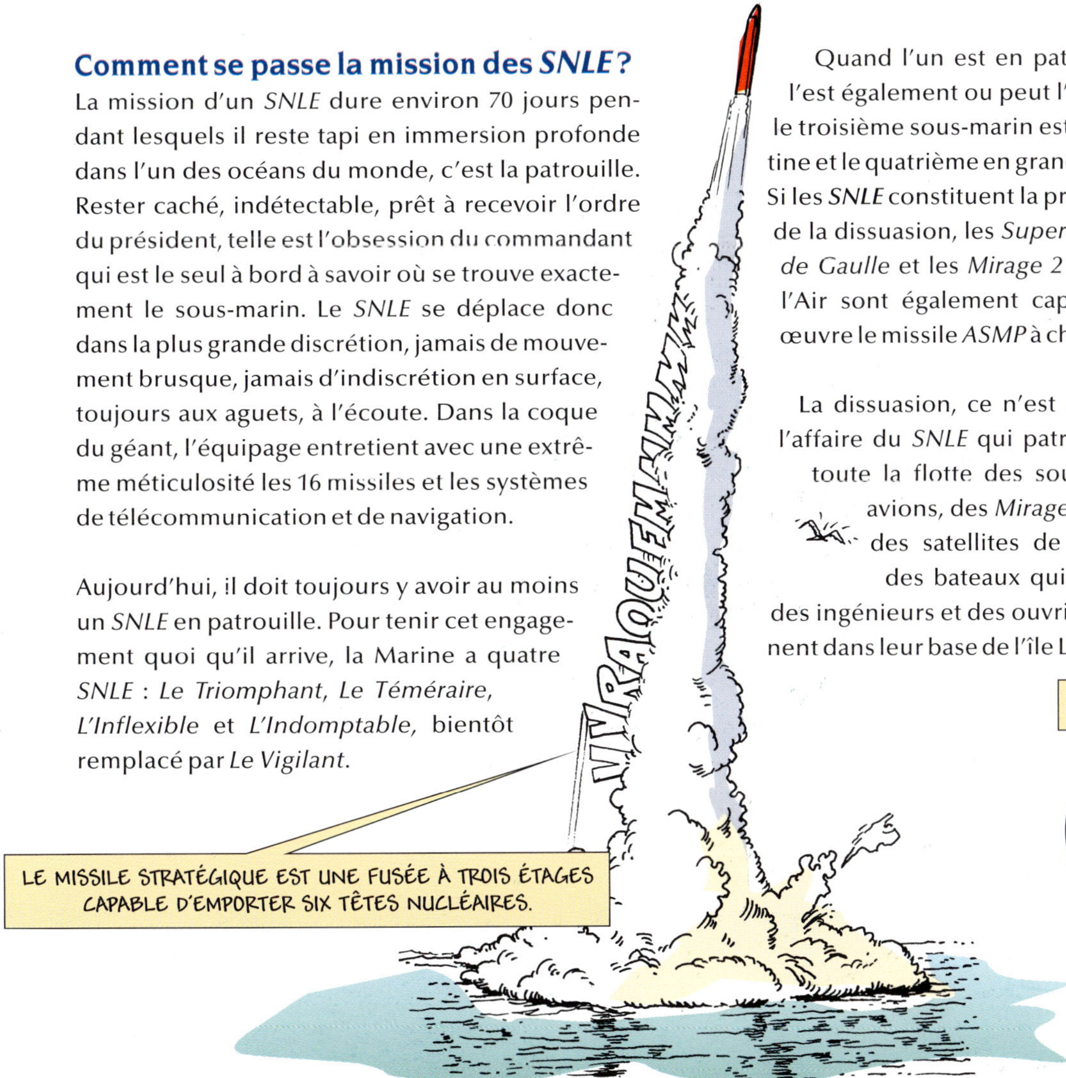

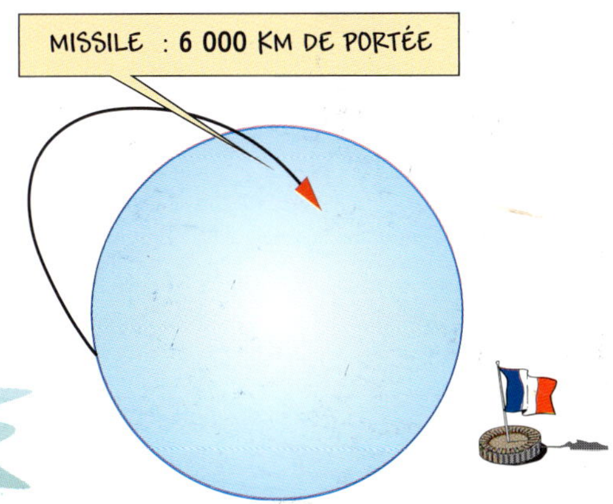

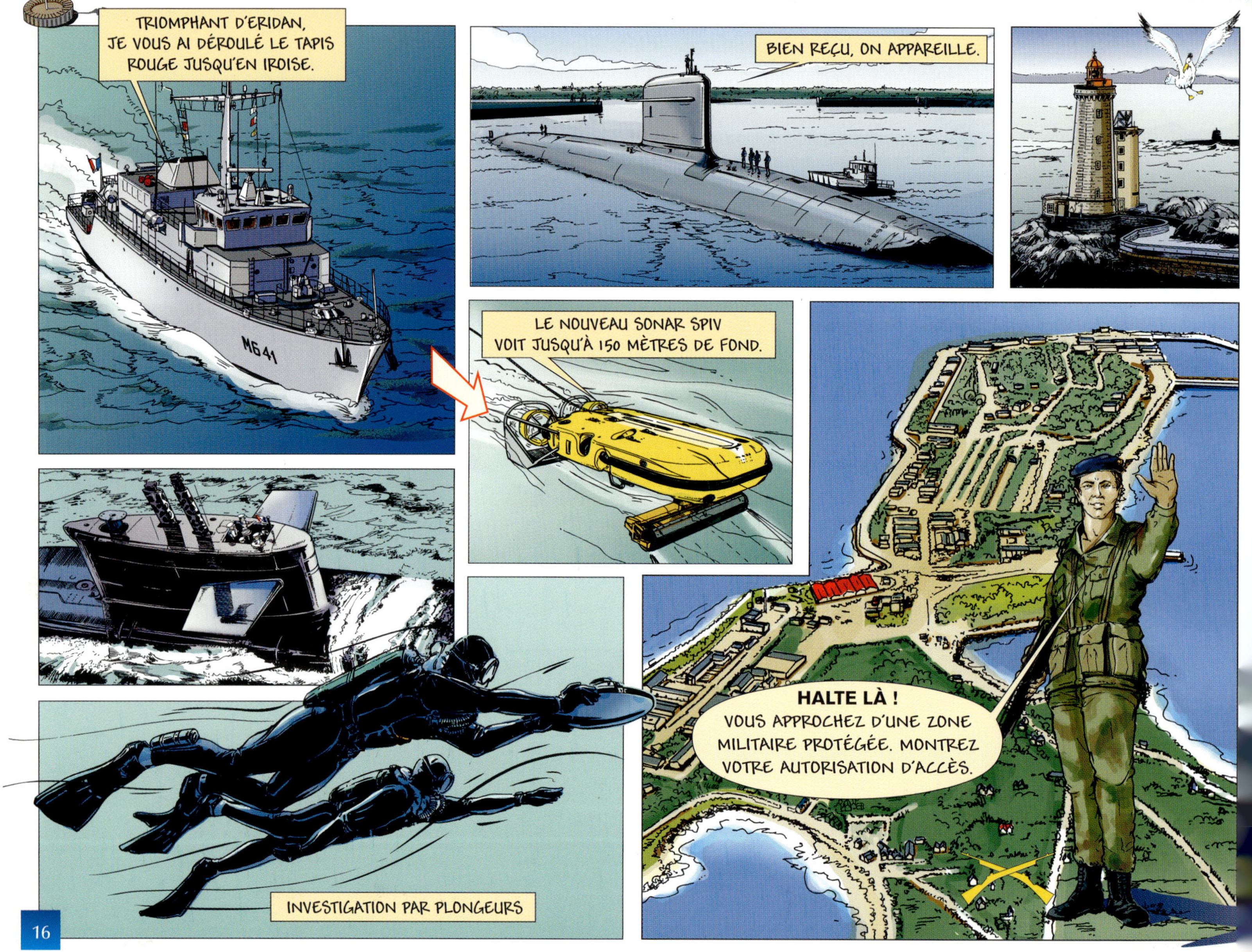
TRIOMPHANT D'ERIDAN, JE VOUS AI DÉROULÉ LE TAPIS ROUGE JUSQU'EN IROISE.
M641
BIEN REÇU, ON APPAREILLE.
LE NOUVEAU SONAR SPIV VOIT JUSQU'À 150 MÈTRES DE FOND.
HALTE LÀ !
VOUS APPROCHEZ D'UNE ZONE MILITAIRE PROTÉGÉE. MONTREZ VOTRE AUTORISATION D'ACCÈS.
INVESTIGATION PAR PLONGEURS

La base navale des sous-marins nucléaires stratégiques

La base des sous-marins est-elle très secrète ?

Son existence n'est pas secrète puisque 2 000 personnes (1 000 civils et 1 000 militaires) y travaillent tous les jours depuis plus de 30 ans.
Le cœur de la dissuasion nucléaire est installé depuis la fin des années soixante sur un site très bien adapté à la surveillance des accès : il s'agit d'une petite presqu'île de la rade de Brest dont l'accès par la terre et par la mer est facile à contrôler. Cette presqu'île est appelée l'île Longue.

Comment est-elle protégée ?

La Gendarmerie et les fusiliers marins protègent l'accès par la terre, des plongeurs et des patrouilleurs surveillent l'accès par la mer en rade de Brest.

Le rôle primordial des chasseurs de mines

Entre son départ de l'île Longue et sa plongée dans l'océan, le *SNLE* va naviguer dans les eaux peu profondes du Goulet de Brest et de la mer d'Iroise. C'est là que le chasseur de mines va s'assurer que le fond est vierge de toute mine ou obstacle qui pourrait nuire à la sortie du sous-marin. Grâce à son sonar (le *Spiv*), le chasseur de mines visualise les fonds sur lesquels va naviguer le sous-marin. Il analyse toute anomalie détectée qui ne figure pas sur les anciens relevés déjà effectués. Il déroule ainsi un tapis sûr et propre sur la route du *SNLE*.

Comment se déroule un départ en patrouille ?

Les dates de rentrée et de sortie des *SNLE* sont gardées secrètes jusqu'au dernier moment. Le sous-marin est accompagné vers les grands fonds par des bateaux qui lui ouvrent le chemin jusqu'au moment où il disparaît. La patrouille dure environ 10 semaines.

Comment peut-on s'assurer que les routes de sortie des *SNLE* sont sûres ?

Afin de rejoindre discrètement sa zone de patrouille, le sous-marin doit disposer d'une route sûre, dégagée de tout intrus. Pour cela, des frégates anti sous-marines, des sous-marins nucléaires d'attaque et des avions de patrouille maritime sont déployés au large pour ouvrir la voie au *SNLE* et détecter d'éventuels curieux indésirables, navires de surface ou sous-marins.

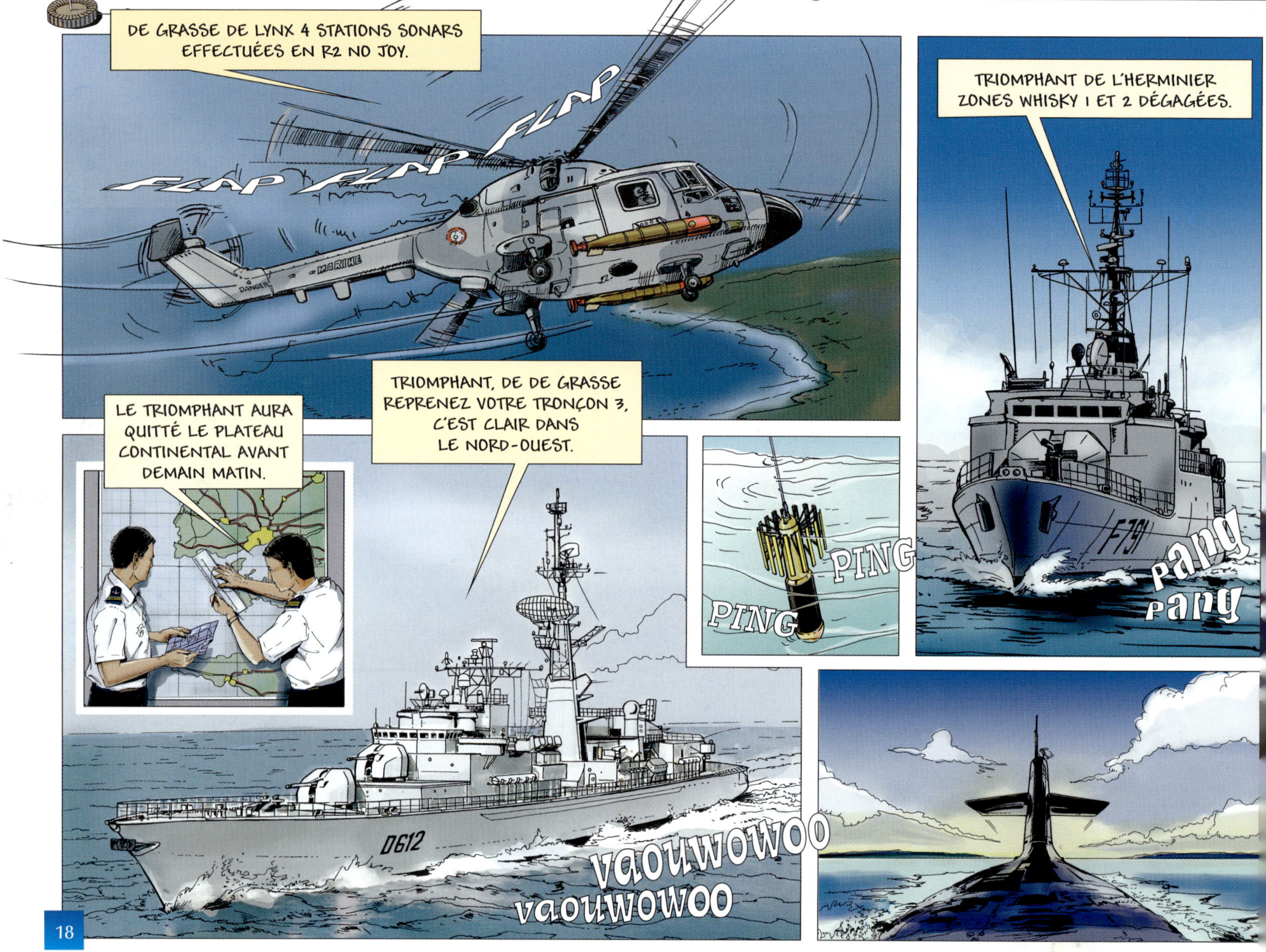
DE GRASSE DE LYNX 4 STATIONS SONARS EFFECTUÉES EN R2 NO JOY.
FLAP FLAP FLAP FLAP
MARINE
DANGER
TRIOMPHANT DE L'HERMINIER ZONES WHISKY 1 ET 2 DÉGAGÉES.
LE TRIOMPHANT AURA QUITTÉ LE PLATEAU CONTINENTAL AVANT DEMAIN MATIN.
TRIOMPHANT, DE DE GRASSE REPRENEZ VOTRE TRONÇON 3, C'EST CLAIR DANS LE NORD-OUEST.
PING
PING
F791
pang
pang
D612
vaouwowoo
vaouwowoo

Chasser l'intrus

Le sous-marin adverse qui viendrait s'embusquer au large de la Bretagne représente une menace sérieuse pour le *SNLE*. Lorsqu'il est en surface, il est aisé de le détecter, donc de le pister. Dans les phases de départ et de retour à la base, le*SNLE* est donc plus vulnérable, comme un cœlacanthe qui sort de l'eau. Pour que la dissuasion soit crédible, pour qu'elle fonctionne, il faut alors protéger le *SNLE* d'éventuels curieux, jusqu'au moment où il se fondra dans l'immensité de l'océan.

Des frégates anti-sous-marines (ASM) et leurs hélicoptères *Lynx*, des avions *Atlantique* de patrouille maritime et nos propres sous-marins nucléaires d'attaque sont rassemblés au large de la Bretagne pour chasser le sous-marin adverse. C'est avec tous ces moyens, bateaux, avions, hélicoptères, sous-marins, tous très différents, chacun spécialisé dans un domaine précis de la chasse au sous-marin, qu'on est le plus efficace.
Le patron de l'opération est généralement sur la frégate *ASM*. Sa tactique : manipuler l'esprit du commandant du sous-marin adverse afin de le conduire dans un piège. Pour y parvenir il va employer les sonars actifs (qui émettent des sons puissants) des frégates et des hélicoptères qui vont détecter l'adversaire ou le contraindre à fuir vers les sonars passifs du sous-marin et de l'*Atlantique* qui, eux, sont indétectables.

Face aux émissions sonars menaçantes de la frégate, de l'aviso et du *Lynx*, le commandant du sous-marin intrus sent monter la pression, perd sa lucidité, au pire il panique, se fait prendre, au mieux il s'écarte à grande vitesse des sonars actifs en se dirigeant droit vers... les sonars passifs.
Pendant ce temps, le *SNLE* navigue dans les zones sûres, nettoyées par les forces amies.

LORSQU'IL QUITTE SON ANTRE LE SNLE EST ÉTROITEMENT PROTÉGÉ.

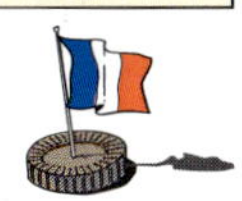

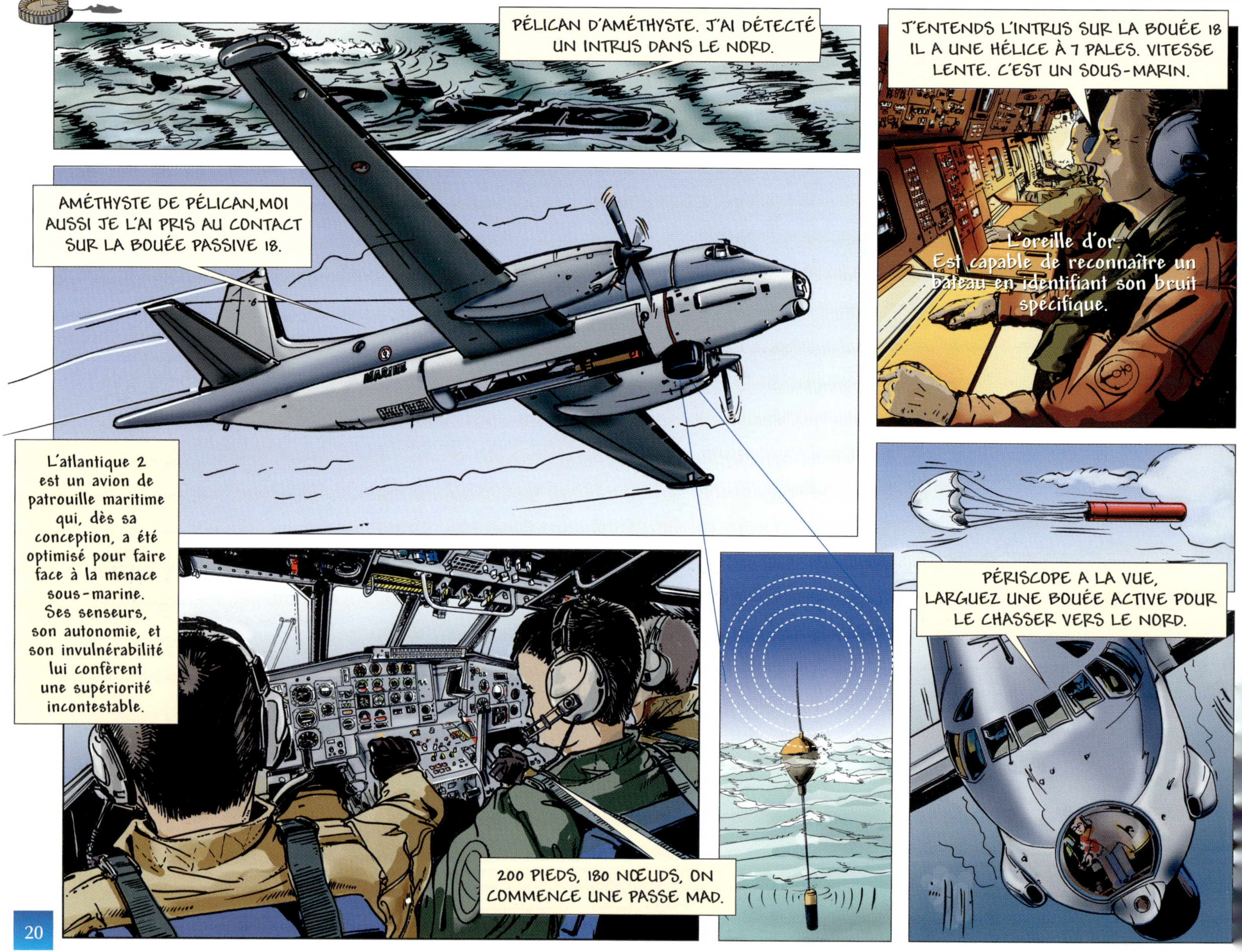
PÉLICAN D'AMÉTHYSTE. J'AI DÉTECTÉ UN INTRUS DANS LE NORD.
AMÉTHYSTE DE PÉLICAN, MOI AUSSI JE L'AI PRIS AU CONTACT SUR LA BOUÉE PASSIVE 18.
MARINE
L'atlantique 2 est un avion de patrouille maritime qui, dès sa conception, a été optimisé pour faire face à la menace sous-marine. Ses senseurs, son autonomie, et son invulnérabilité lui confèrent une supériorité incontestable.
200 PIEDS, 180 NŒUDS, ON COMMENCE UNE PASSE MAD.
J'ENTENDS L'INTRUS SUR LA BOUÉE 18 IL A UNE HÉLICE À 7 PALES. VITESSE LENTE. C'EST UN SOUS-MARIN.
L'oreille d'or. Est capable de reconnaître un bateau en identifiant son bruit spécifique.
PÉRISCOPE A LA VUE, LARGUEZ UNE BOUÉE ACTIVE POUR LE CHASSER VERS LE NORD.

Piège en haute mer

Après la frégate et le *Lynx*, "agitateurs acoustiques", l'*Atlantique* et le *SNA* constituent l'autre tandem du piège. Le silence est leur spécialité.

Le *SNA* patrouille à vitesse réduite sur une route rectiligne. Trois kilomètres derrière, il remorque un très gros câble de cent mètres de long, c'est l'antenne d'un sonar passif très basse fréquence.
Elle est constituée de centaines de microphones maintenus ensemble dans un tube souple d'une dizaine de centimètres de diamètre. Les bruits recueillis par les micros sont analysés à bord du *SNA* par ses ordinateurs spécialisés. Ils détectent un vieux cargo à mille kilomètres, un sous-marin moderne à cinq mille mètres, parfois beaucoup moins, sauf quand l'adversaire cède à la pression et commet une indiscrétion : vitesse trop élevée, changement d'immersion brusque...
Ça suffit aux oreilles d'or. C'est peut-être très fugace, mais ça suffit.

L'*Atlantique* peut rester douze heures en vol. Il emporte une centaine de bouées acoustiques munies d'un microphone. Il les jette à l'eau pour former des barrages absolument indétectables par le sous-marin intrus.
Les barrages de dix à vingt bouées font vingt kilomètres de long. Les bouées fonctionnent pendant plusieurs heures. Les bruits qu'elles perçoivent, retransmis par radio, sont analysés par les oreilles d'or à bord de l'*Atlantique*.
Si l'adversaire traverse le barrage, il est détecté. Le pistage de l'indésirable peut alors commencer, souvent d'ailleurs un pistage bruyant et ostensible avec des bouées actives : il s'agit alors de chasser l'intrus au plus loin tout en le gardant au contact.

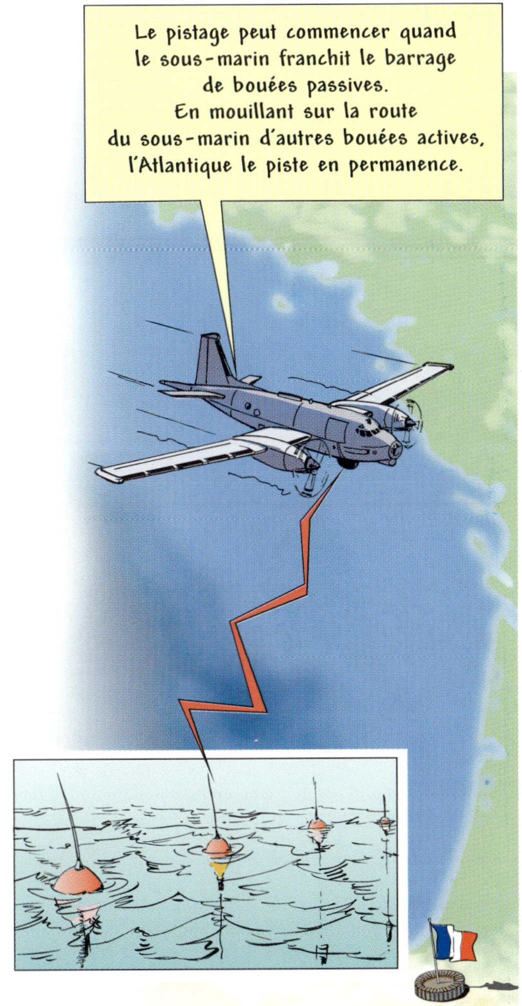

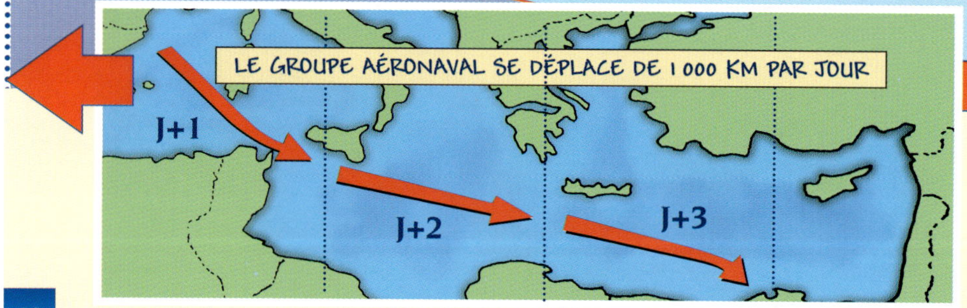

COUVERTURE RADAR DU HAWKEYE

Ceci est une force navale

Elle occupe une portion d'océan dont la superficie varie de la moitié à la totalité du sol français.

Dans cet espace, elle tâche de tout voir, de tout comprendre.

Des marins pour AGIR loin

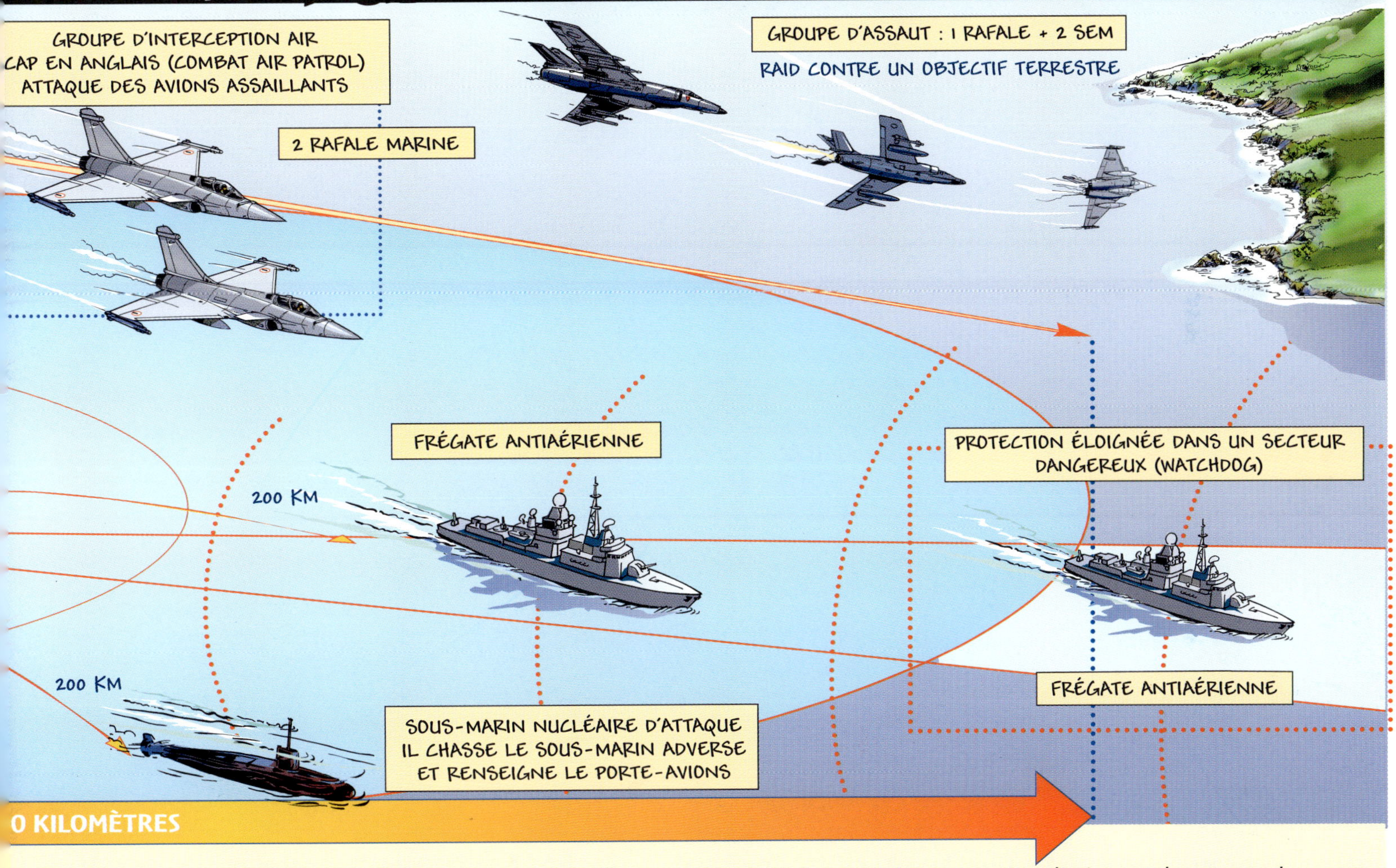

Elle peut franchir 1 000 kilomètres par jour sans jamais demander d'autorisation de passage sauf lorsqu'elle se rend en escale. Elle peut travailler pendant plus de six mois sans s'arrêter.

Elle est composée de bateaux, de sous-marins, d'avions et de commandos. Nous avons déjà vu au chapitre précédent comment travaillent les spécialistes de la chasse au sous-marin. Intéressons-nous maintenant aux autres acteurs de la force navale.

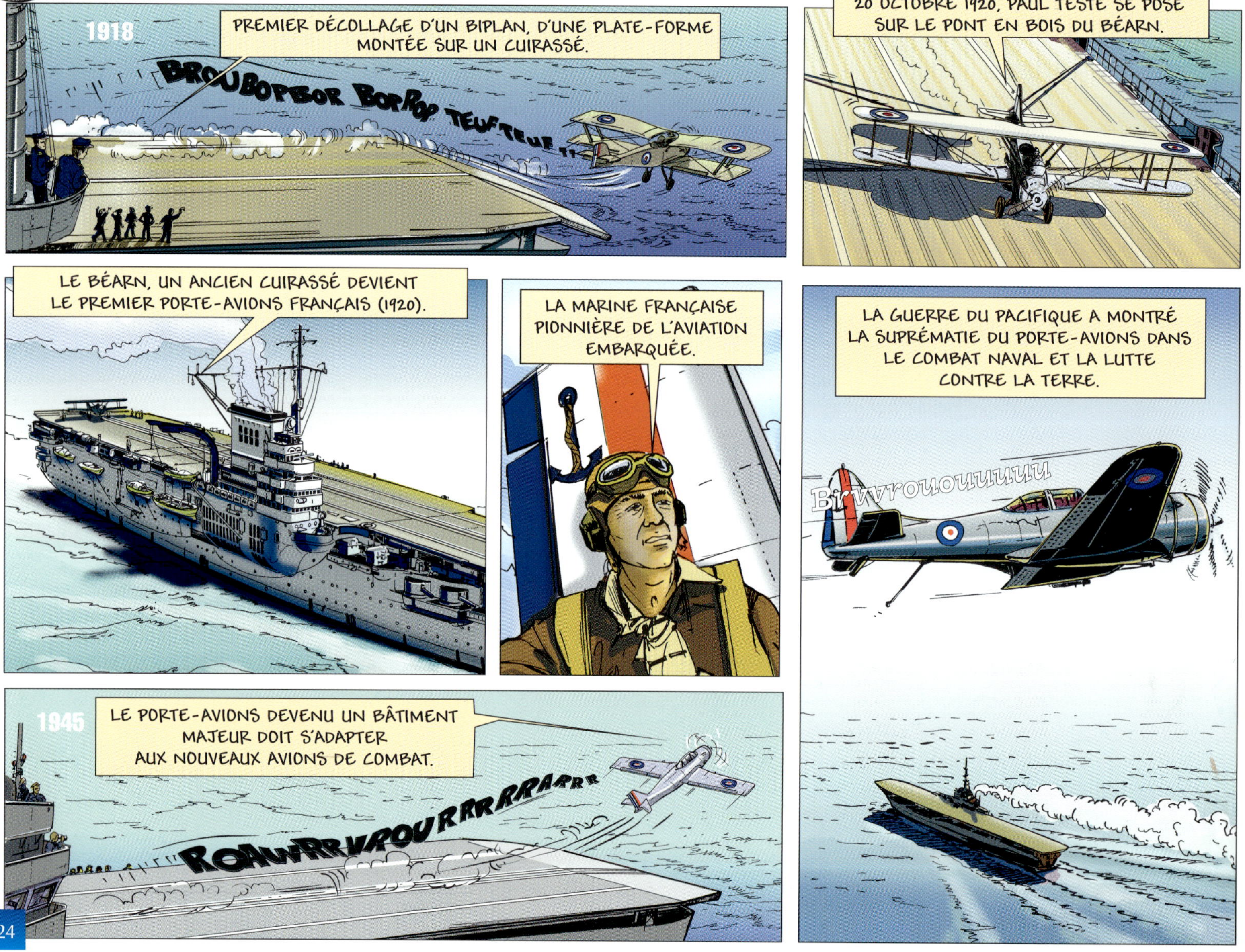
1918
PREMIER DÉCOLLAGE D'UN BIPLAN, D'UNE PLATE-FORME MONTÉE SUR UN CUIRASSÉ.
TEUFTEUF
20 OCTOBRE 1920, PAUL TESTE SE POSE SUR LE PONT EN BOIS DU BÉARN.
LE BÉARN, UN ANCIEN CUIRASSÉ DEVIENT LE PREMIER PORTE-AVIONS FRANÇAIS (1920).
LA MARINE FRANÇAISE PIONNIÈRE DE L'AVIATION EMBARQUÉE.
LA GUERRE DU PACIFIQUE A MONTRÉ LA SUPRÉMATIE DU PORTE-AVIONS DANS LE COMBAT NAVAL ET LA LUTTE CONTRE LA TERRE.
1945
LE PORTE-AVIONS DEVENU UN BÂTIMENT MAJEUR DOIT S'ADAPTER AUX NOUVEAUX AVIONS DE COMBAT.

Les porte-avions

Dans l'histoire de la Marine française, combien avons-nous eu de porte-avions ?

Nous avons déjà eu huit porte-avions. La construction du neuvième est décidée. Seuls les trois derniers d'entre eux ont été réalisés en France et conçus d'emblée comme des porte-avions.

1928 - 1939
BÉARN

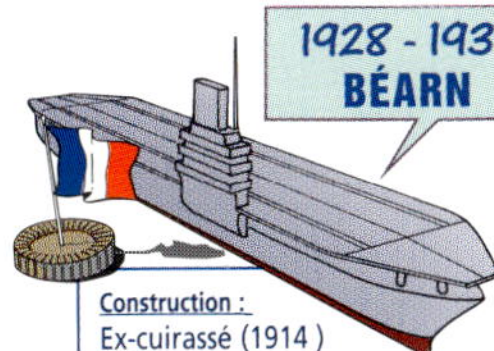

Construction : Ex-cuirassé (1914)
Tonnage : 25 000 tonnes
Observation : 30 avions.

1947 - 1949
DIXMUDE

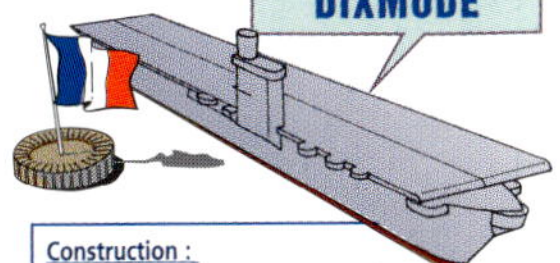

Construction : Ex-HMS *Biter* britannique (1942)
Tonnage : 13 000 tonnes
Observations : 16 avions.
Prêté par la Marine américaine.

1951 - 1962
LA FAYETTE

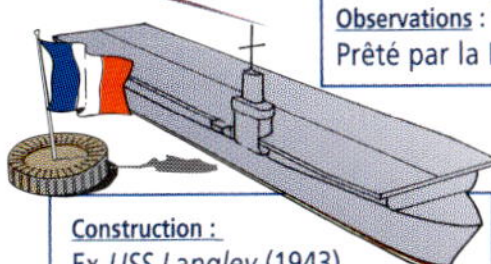

Construction : Ex-USS *Langley* (1943)
Tonnage : 11 000 tonnes
Observations : 26 avions.
Prêté par la Marine américaine.

1953 - 1959
BOIS-BELLEAU

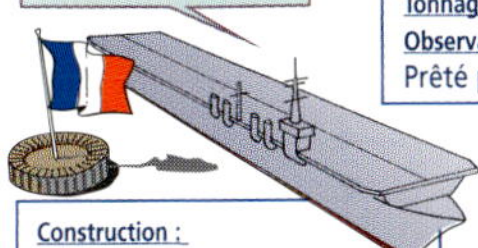

Construction : Ex-USS *Belleau Wood* (1943)
Tonnage : 11 000 tonnes
Observations : 26 avions.
Prêté par la Marine américaine.

1946 - 1978
ARROMANCHES

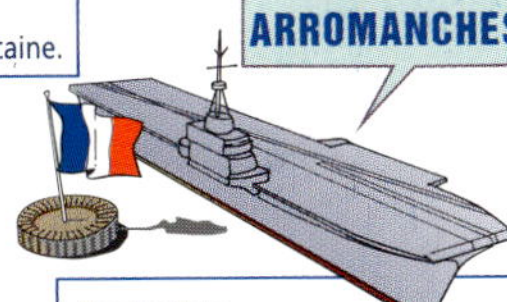

Construction : Ex-HMS *Colossus* britannique (1944)
Tonnage : 14 000 tonnes
Observations : 26 avions.
Cédé à la France.

1961 - 1997
CLEMENCEAU

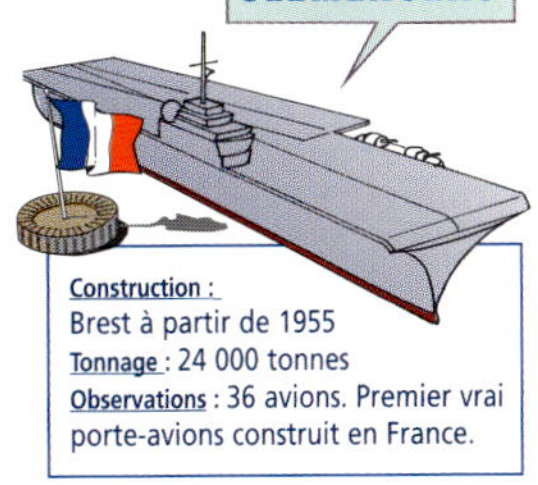

Construction : Brest à partir de 1955
Tonnage : 24 000 tonnes
Observations : 36 avions. Premier vrai porte-avions construit en France.

1963 - 2000
FOCH

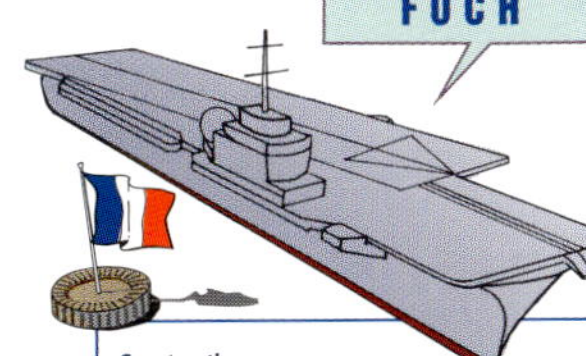

Construction : Saint-Nazaire à partir de 1957
Tonnage : 24 000 tonnes
Observations : 36 avions. Vendu au Brésil en 2000, baptisé *São Paulo*.

2001
CHARLES-DE-GAULLE

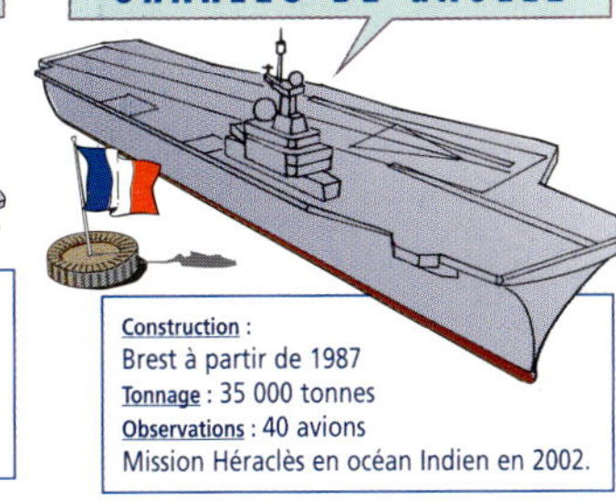

Construction : Brest à partir de 1987
Tonnage : 35 000 tonnes
Observations : 40 avions
Mission Héraclès en océan Indien en 2002.

De quand datent les porte-avions ?

Le premier décollage d'un avion en mer a eu lieu à titre expérimental en 1910 à bord du croiseur américain *Birmingham*. C'est un biplan *Curtiss*, piloté par Eugene Ely, qui a réalisé l'exploit. Plus intéressant : le premier navire transformé en "porte-hydravions" est le croiseur auxiliaire *Foudre* en août 1912. Au début de la première guerre mondiale, la *Foudre* mettait en œuvre des hydravions, utilisés pour la reconnaissance et comme éclaireurs. Ils n'étaient pas réellement armés, mais pouvaient participer aux réglages des tirs des grosses artilleries des cuirassés.

Les Français ont vraiment été des pionniers dans ce domaine, comme dans celui de l'aéronavale, c'est-à-dire l'emploi d'avions en soutien des bateaux.

LE RAFALE, AVION DE CHASSE BIRÉACTEURS AUX PERFORMANCES EXCEPTIONNELLES.
DAMO VOUS STOPPEZ, VOUS ÊTES AU PARKING, SAISINAGE EN COURS !
Rouaooooou
ARNAULT MICHALET, PILOTE DE CHASSE SUR RAFALE, QUALIFIÉ ÉQUIPIER, J'AI 25 ANS.
FACE AU PILOTE UN LARGE VISEUR AVEC PROJECTION HOLOGRAPHIQUE, ET DEUX ÉCRANS TACTILES, LUI PERMETTENT DE SE CONCENTRER ENTIÈREMENT SUR SA MISSION.
Crrrouaoooouuu
Crrrouaoooouuu
QUINA BLACK VOUS ÊTES AUTORISÉ POUR UN PASSAGE BAS AVANT VOTRE RETOUR À TERRE !

Pourquoi des porte-avions ?

C'est la seconde guerre mondiale qui va démontrer l'importance tactique et stratégique du porte-avions. Jusque-là, le bateau amiral des marines est le cuirassé. Et puis, du 3 au 6 juin 1942, c'est la bataille de Midway, au milieu du Pacifique. Les Américains sont en mauvaise posture depuis Pearl Harbor. Les Japonais reprennent l'offensive. Elle est brisée par trois porte-avions US (l'*Enterprise*, le *Yorktown* et le *Hornet*) qui envoient quatre porte-avions japonais par le fond. C'est la première grande victoire alliée qui marque, quelques semaines avant Guadalcanal, le commencement du reflux japonais. A compter du 6 juin 1942, le porte-avions est devenu la pièce maîtresse des grandes marines. Les jours du cuirassé sont alors comptés.

La puissance militaire du porte-avions résulte de la qualité des avions embarqués : avions d'interception air-air, avions d'attaque contre les navires ou d'assaut au sol, avions de renseignement, avions de contrôle des opérations…

Pourquoi le porte-avions est-il si indispensable ?

Le porte-avions donne au groupe naval sa puissance de frappe au sol par avions d'assaut, d'attaque en mer par les avions porteurs de missiles antinavires. Ses avions sont également les premiers défenseurs de la force navale face à des avions assaillants.

Le porte-avions est un aérodrome capable de se déplacer de 1 000 kilomètres par jour pendant des mois.

Il dispose de deux pistes de décollage à l'avant (les catapultes), d'une piste d'atterrissage à l'arrière (avec les trois brins d'arrêt), d'un hangar où les mécaniciens et les électroniciens entretiennent et réparent les 40 aéronefs. Il dispose également de soutes contenant 600 tonnes de munitions, de citernes de stockage pour 3 200 tonnes de carburant pour avion, soit 2 semaines d'opérations aériennes intensives.

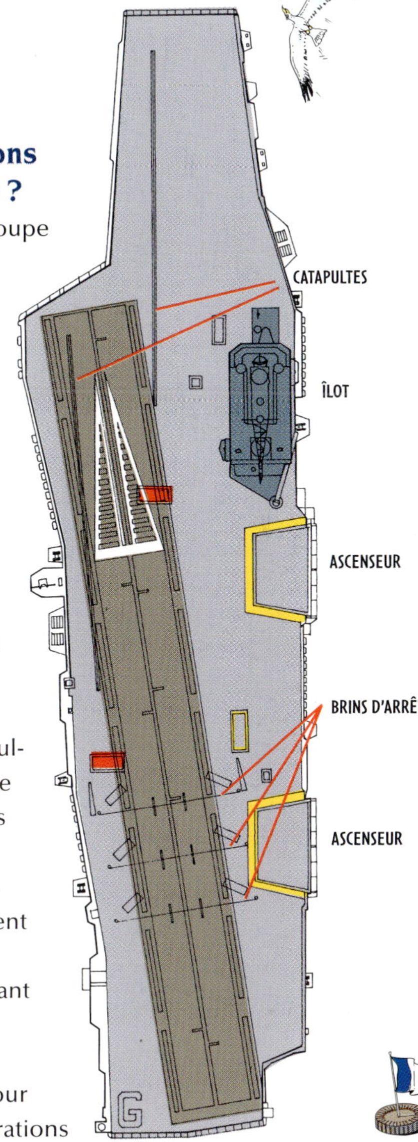

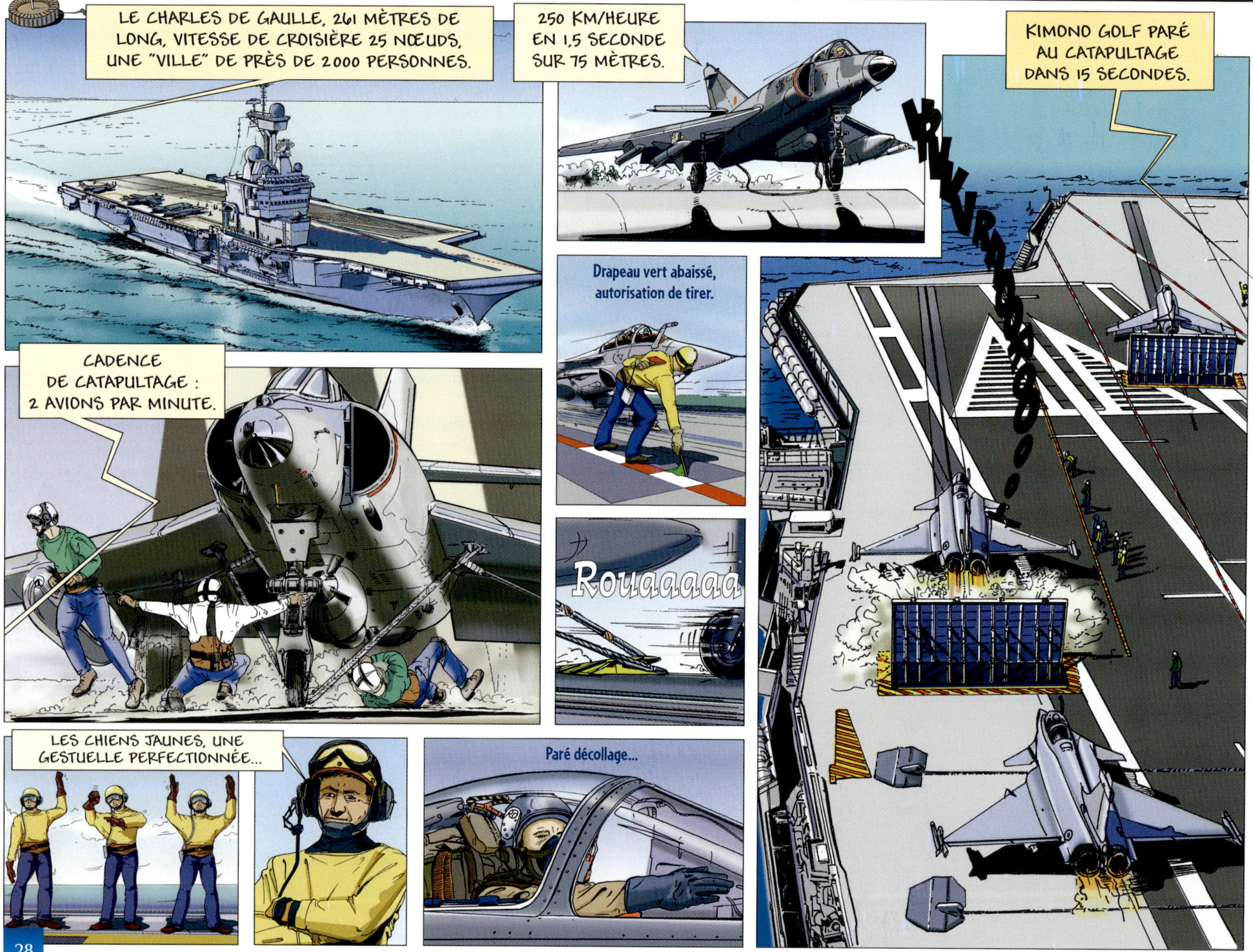
LE CHARLES DE GAULLE, 261 MÈTRES DE LONG, VITESSE DE CROISIÈRE 25 NŒUDS, UNE "VILLE" DE PRÈS DE 2000 PERSONNES.
250 KM/HEURE EN 1,5 SECONDE SUR 75 MÈTRES.
KIMONO GOLF PARÉ AU CATAPULTAGE DANS 15 SECONDES.
CADENCE DE CATAPULTAGE : 2 AVIONS PAR MINUTE.
Drapeau vert abaissé, autorisation de tirer.
Rouaaaaaa
LES CHIENS JAUNES, UNE GESTUELLE PERFECTIONNÉE...
Paré décollage...

Catapulter des avions

Comment fonctionne la catapulte sur le porte-avions *Charles de Gaulle* ?

Il y a deux catapultes, une sur la piste principale axiale, la deuxième sur la piste latérale. Ce sont des catapultes de 75 m de long de construction américaine.

La catapulte a pour rôle de donner à l'avion, sur une course de 75 mètres, une vitesse suffisante pour "voler". Cette vitesse minimum, de l'ordre de 250 à 300 km/h, dépend principalement du vent, de la vitesse du porte-avions et du poids de l'avion. Cette masse peut aller jusqu'à 21 tonnes pour le *Rafale* et 25 tonnes avec le *Hawkeye*.

C'est un grand élastique ?

Oui ! Un élastique "à vapeur". Il s'agit en fait d'un énorme piston actionné par la vapeur sous pression. Le piston entraîne un chariot sur lequel est fixée la barre de catapultage qui tire la roulette avant de l'avion. L'énorme énergie nécessaire est libérée par une vapeur sous pression, environ 45 bars, à une température de 450° C. Un coup de catapulte coûte une tonne d'eau distillée qui part en vapeur.

L'amortissement et l'arrêt du piston en fin de course (3 mètres), nécessitent un dispositif technique élaboré. Le chariot est ramené rapidement à sa position initiale pour permettre un nouveau lancement.

Quelle est la capacité de la catapulte ?

Le *Charles de Gaulle* est capable de lancer deux avions chaque minute. Un groupe aérien d'assaut vers la terre peut comprendre plus de vingt avions.

Il arrive que le porte-avions soit amené en opérations intensives à réaliser 100 coups de catapulte dans la journée.

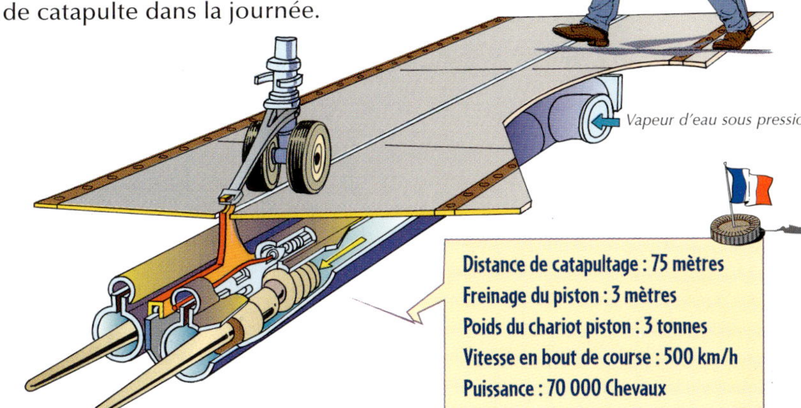

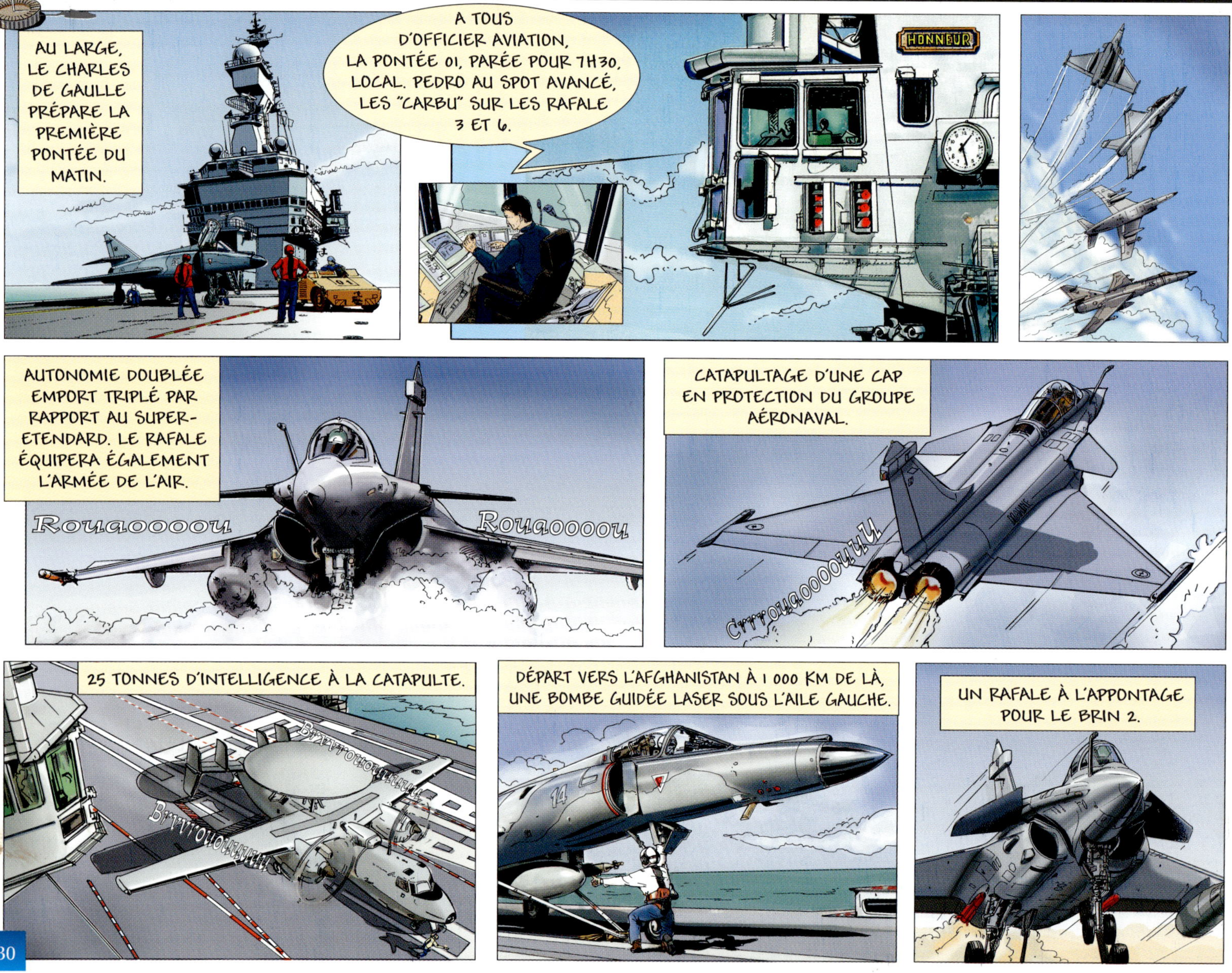
AU LARGE, LE CHARLES DE GAULLE PRÉPARE LA PREMIÈRE PONTÉE DU MATIN.
A TOUS D'OFFICIER AVIATION, LA PONTÉE 01, PARÉE POUR 7H30, LOCAL. PEDRO AU SPOT AVANCÉ, LES "CARBU" SUR LES RAFALE 3 ET 6.
HONNEUR
AUTONOMIE DOUBLÉE EMPORT TRIPLÉ PAR RAPPORT AU SUPER-ETENDARD. LE RAFALE ÉQUIPERA ÉGALEMENT L'ARMÉE DE L'AIR.
Rouaooooou
Rouaooooou
CATAPULTAGE D'UNE CAP EN PROTECTION DU GROUPE AÉRONAVAL.
25 TONNES D'INTELLIGENCE À LA CATAPULTE.
DÉPART VERS L'AFGHANISTAN À 1 000 KM DE LÀ, UNE BOMBE GUIDÉE LASER SOUS L'AILE GAUCHE.
UN RAFALE À L'APPONTAGE POUR LE BRIN 2.

Les avions du porte-avions

• **Le *HAWKEYE* (E2C)** est un avion bi-turbopropulseur conduit par deux pilotes et trois opérateurs systèmes pour gérer les informations opérationnelles. Le système de combat, c'est d'abord un énorme radar en forme de soucoupe, un très gros ordinateur et un système de communication. Son poids au catapultage est de 25 tonnes. Il peut voler plus de quatre heures.

• **Le *SUPER ÉTENDARD MODERNISÉ* (SEM)** est un chasseur monoréacteur qui peut atteindre la vitesse de Mach 0,99. Sa mission principale est l'assaut d'objectifs de jour comme de nuit. Il assure également l'appui des troupes amies au sol. Il est capable d'emporter des missiles de tous types et des canons. Il se ravitaille en vol et peut aussi ravitailler d'autres aéronefs dans sa version "nounou". Enfin en version reconnaissance, il emporte des caméras et des appareils photos de haute performance. Sa masse au catapultage est de 12 tonnes.

• **Le *RAFALE*** est un chasseur biréacteur mono ou bi-place multirôle. Il est utilisé actuellement comme intercepteur. Il est appelé à remplacer dans quelques années le *Super-Etendard* dans les missions d'assaut et de reconnaissance. D'une masse pouvant atteindre 21 tonnes, il est capable d'atteindre une vitesse de Mach 2 (2 000 km/heure).

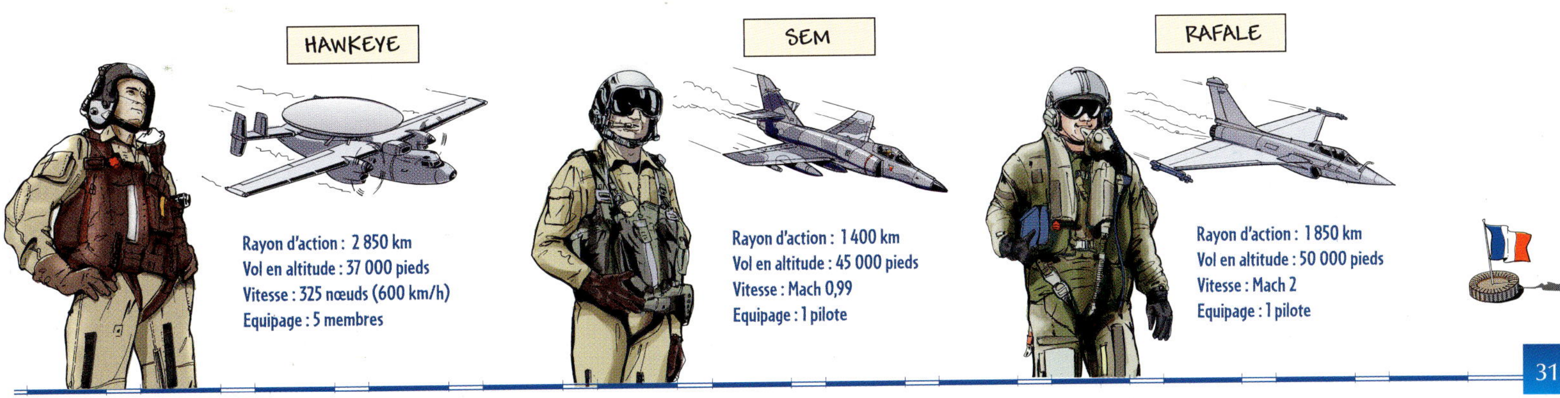

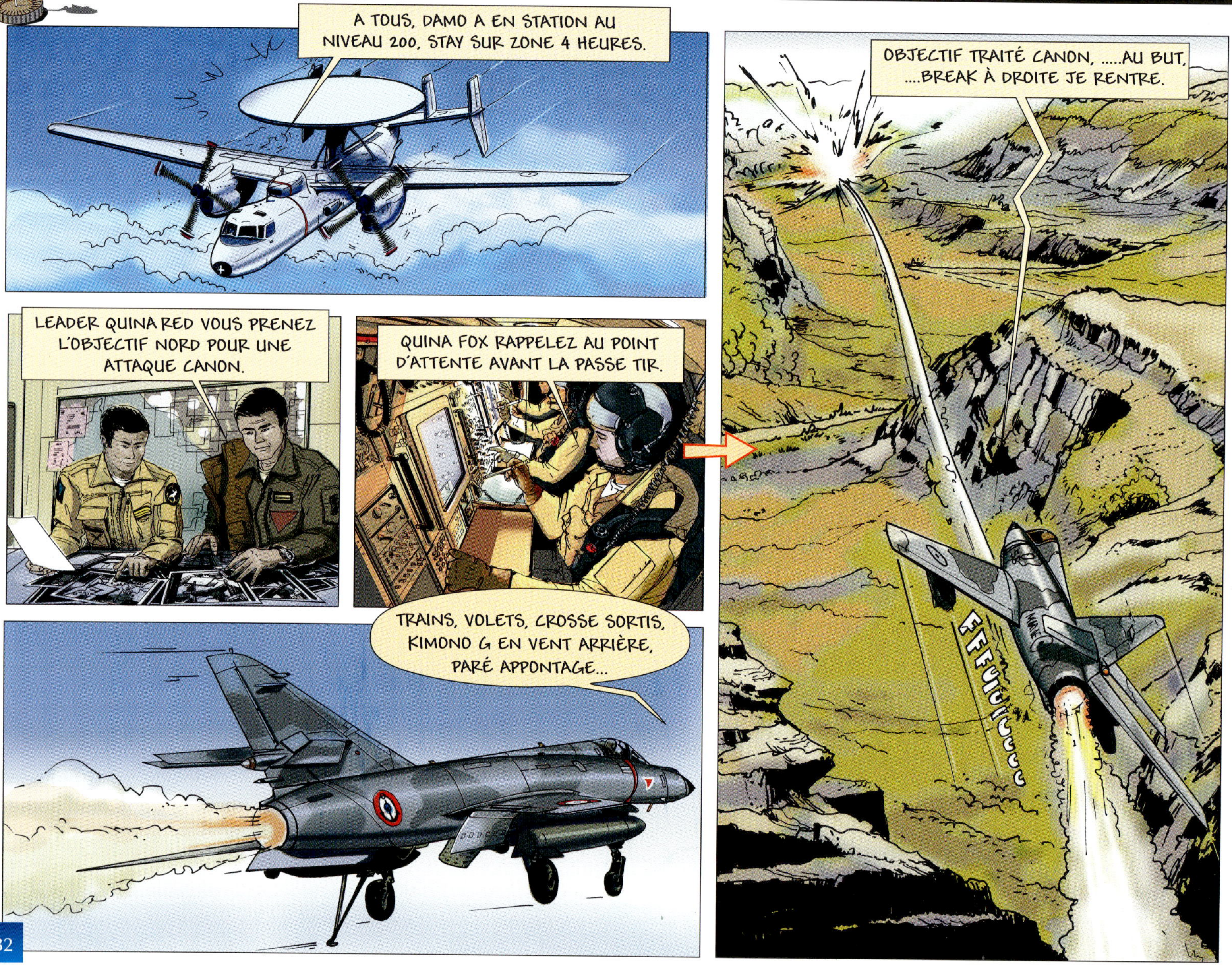
A TOUS, DAMO A EN STATION AU NIVEAU 200, STAY SUR ZONE 4 HEURES.
LEADER QUINA RED VOUS PRENEZ L'OBJECTIF NORD POUR UNE ATTAQUE CANON.
QUINA FOX RAPPELEZ AU POINT D'ATTENTE AVANT LA PASSE TIR.
OBJECTIF TRAITÉ CANON, ...AU BUT, ...BREAK À DROITE JE RENTRE.
TRAINS, VOLETS, CROSSE SORTIS, KIMONO G EN VENT ARRIÈRE, PARÉ APPONTAGE...

Quelles sont les capacités des avions du porte-avions ?

Les avions du porte-avions sont capables de remplir toutes les missions des avions militaires modernes. Principalement les missions offensives contre des objectifs terrestres ou des ennemis à la mer, les missions défensives de protection de la force navale, le renseignement et le contrôle aérien.

Comment emploie-t-on les avions du porte-avions ?

Dans les opérations militaires très complexes, le *Hawkeye* joue un rôle déterminant. Grâce à son radar géant en forme de soucoupe qu'il porte sur le dos, le rotodome, il peut détecter tous les avions dans un rayon de 400 kilomètres. C'est donc une tour de contrôle volante grâce à laquelle de véritables aiguilleurs du ciel dirigent, 4 heures durant, tous les avions amis. Tel avion, un *Super-Etendard* vers sa cible, un bunker enterré, tel autre, un *Harrier* britannique, pour soutenir des troupes au sol prises à parti, un troisième, un F 18 américain, pour brouiller les radars adverses, un quatrième, un *Rafale*, pour intercepter un chasseur attaquant la force navale, un dernier vers un ravitailleur pour refaire le plein en l'air.

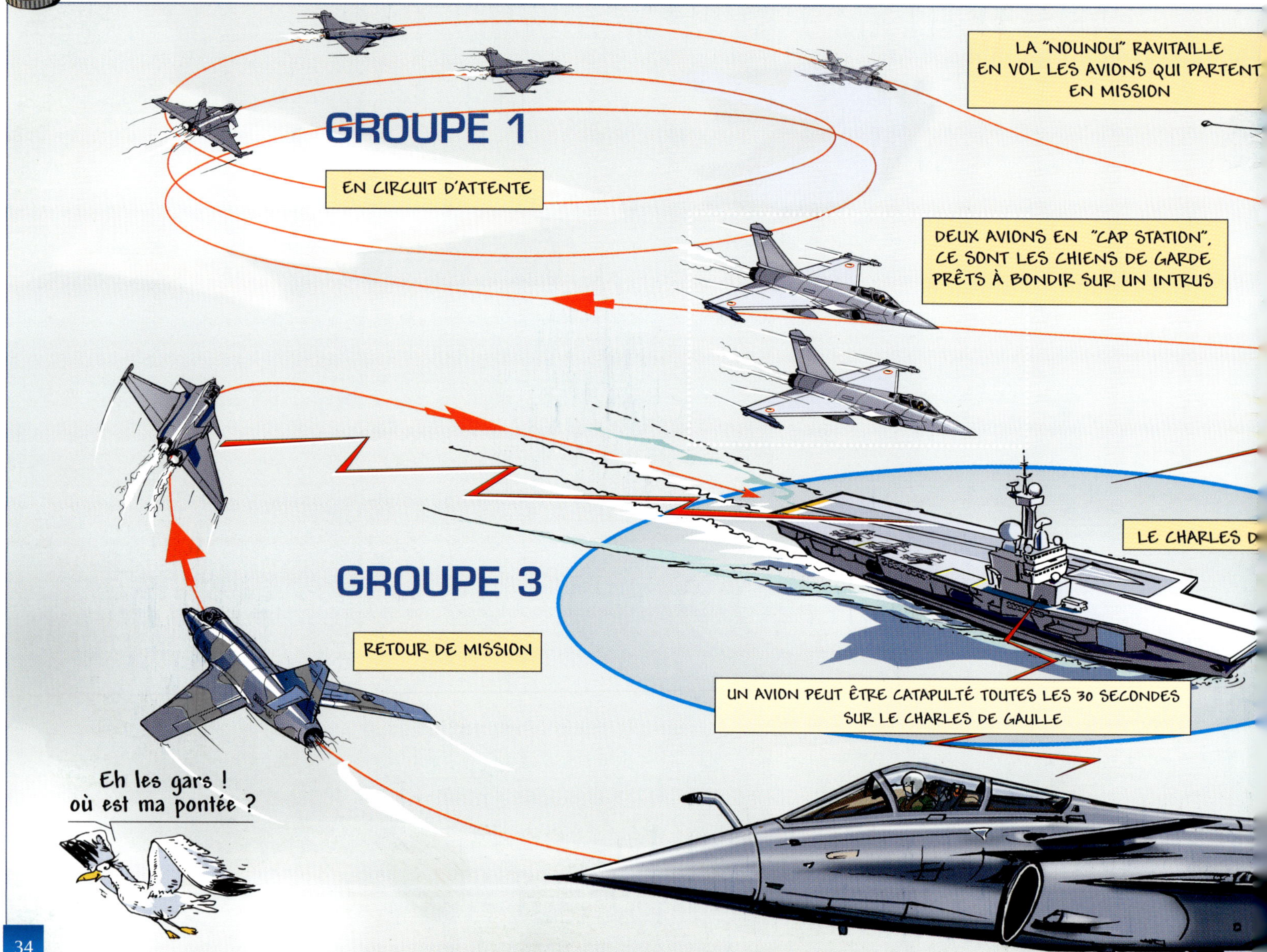
LA "NOUNOU" RAVITAILLE EN VOL LES AVIONS QUI PARTENT EN MISSION
GROUPE 1
EN CIRCUIT D'ATTENTE
DEUX AVIONS EN "CAP STATION", CE SONT LES CHIENS DE GARDE PRÊTS À BONDIR SUR UN INTRUS
GROUPE 3
RETOUR DE MISSION
LE CHARLES D
UN AVION PEUT ÊTRE CATAPULTÉ TOUTES LES 30 SECONDES SUR LE CHARLES DE GAULLE
Eh les gars ! où est ma pontée ?

… LES PONTÉES ENCHAÎNÉES CONSISTENT À METTRE EN L'AIR UNE PONTÉE (GROUPE D'APPAREILS DIVERS DONT LE CATAPULTAGE SE FAIT DANS LE MÊME LAPS DE TEMPS) TANDIS QUE LA PRÉCÉDENTE N'EST PAS ENCORE POSÉE. CETTE TECHNIQUE PERMET DE CONSERVER EN PERMANENCE AU-DESSUS DU THÉÂTRE DES OPÉRATIONS UN GROUPE D'AVIONS PRÊTS À INTERVENIR AU PLUS VITE AU PROFIT DES TROUPES AU SOL PAR EXEMPLE. C'EST L'ORGANISATION ADOPTÉE AU KOSOVO SUR LE FOCH OU EN AFGHANISTAN SUR LE CHARLES DE GAULLE.

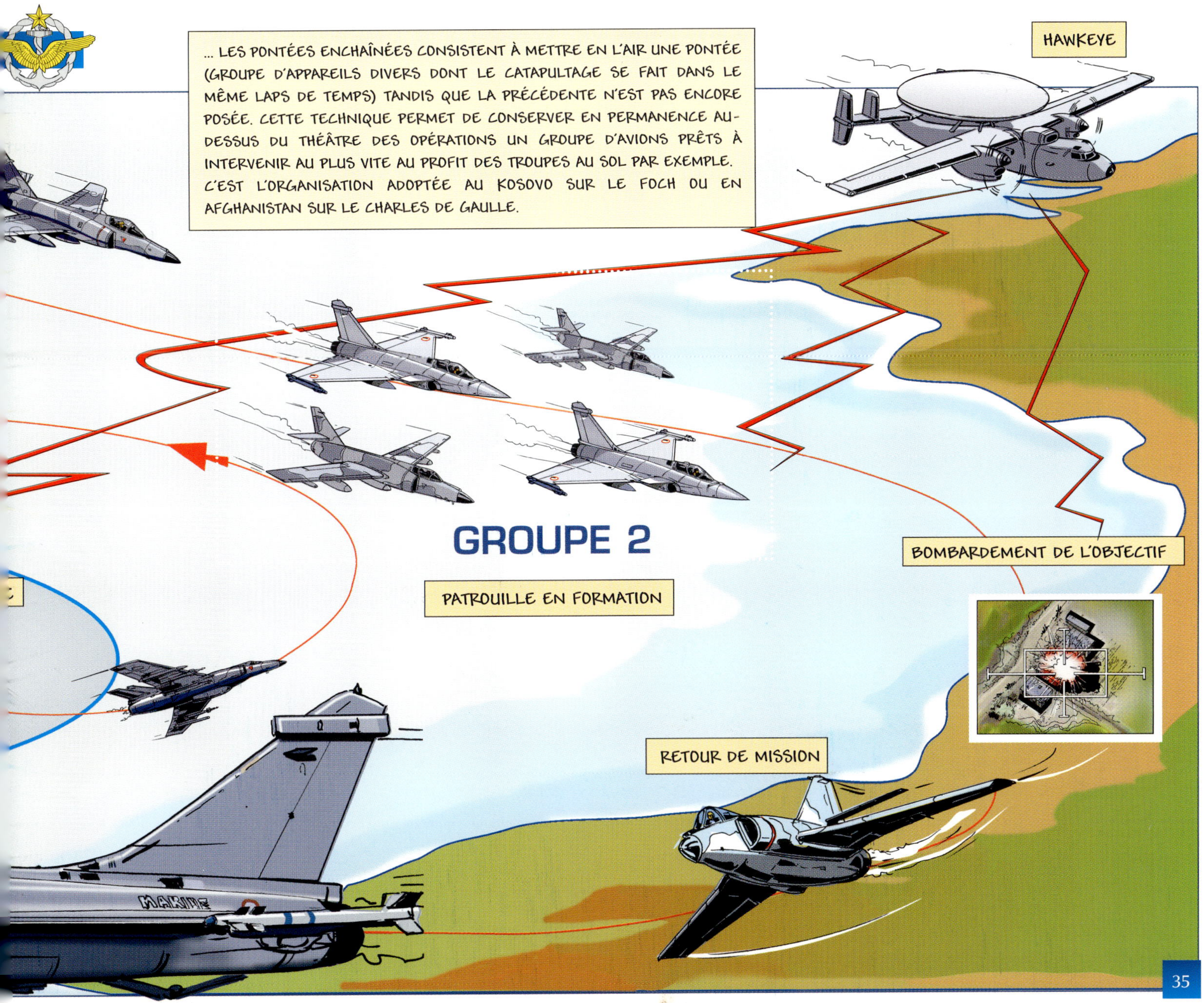

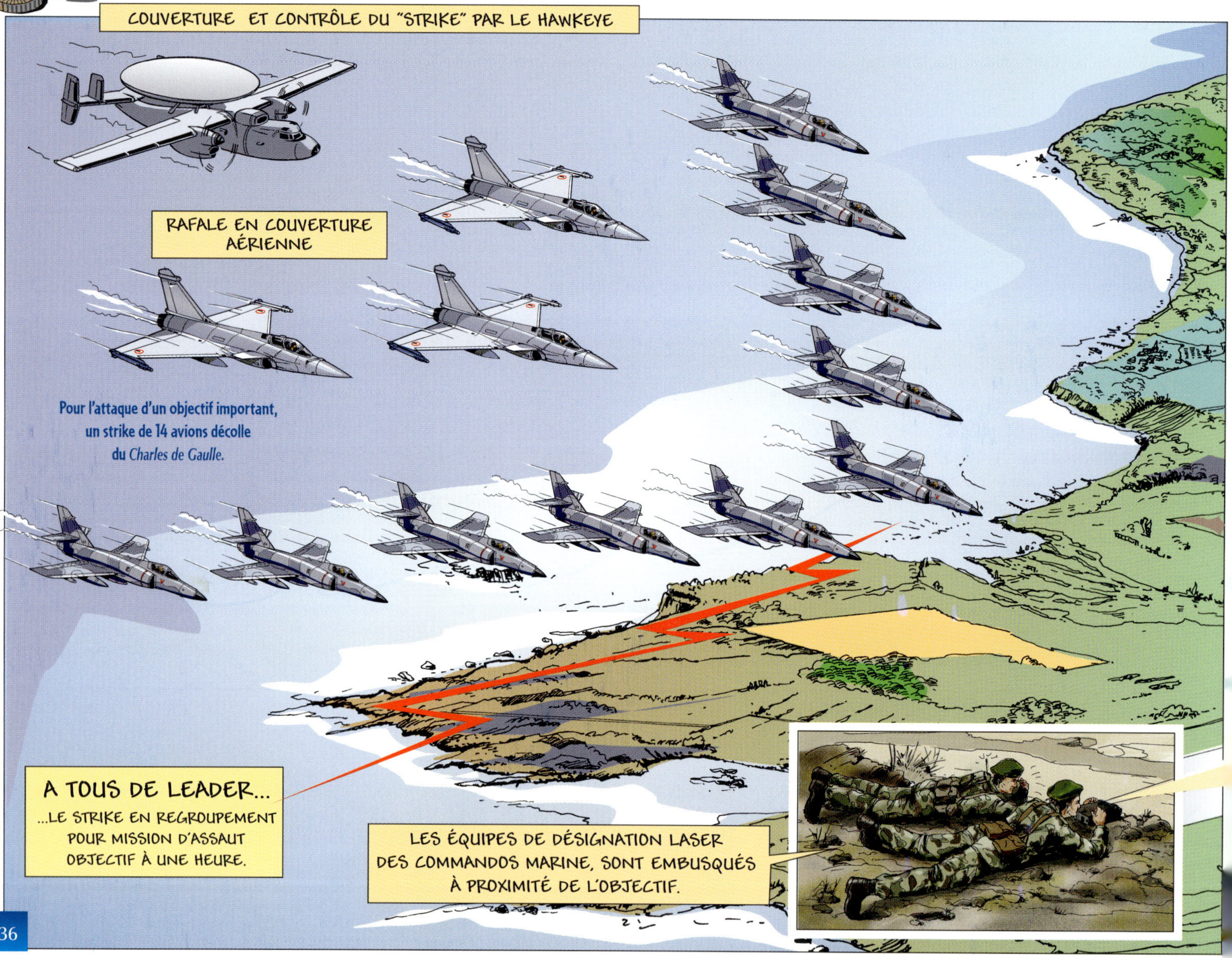
COUVERTURE ET CONTRÔLE DU "STRIKE" PAR LE HAWKEYE
RAFALE EN COUVERTURE AÉRIENNE
Pour l'attaque d'un objectif important, un strike de 14 avions décolle du *Charles de Gaulle*.
A TOUS DE LEADER...
...LE STRIKE EN REGROUPEMENT POUR MISSION D'ASSAUT OBJECTIF À UNE HEURE.
LES ÉQUIPES DE DÉSIGNATION LASER DES COMMANDOS MARINE, SONT EMBUSQUÉS À PROXIMITÉ DE L'OBJECTIF.

La force navale et la projection de puissance

En termes stratégiques, envoyer les avions du *Charles de Gaulle* au-dessus d'un territoire adverse s'appelle la projection de puissance. Du fait de la liberté des mers, de sa mobilité (1 000 kilomètres par jour) et de la puissance de ses moyens, le porte-avions est particulièrement bien adapté pour faire face aux menaces d'aujourd'hui, diffuses, versatiles, se cristallisant "chaque jour" en un point différent du globe.

Il n'a fallu que 18 jours au *Charles de Gaulle* pour appareiller de Toulon et participer activement 7 mois durant avec ses avions à 5 000 kilomètres de là, aux côtés de nos alliés, à la lutte contre le terrorisme d'Al Quaida.

Pièce maîtresse majeure dans la stratégie, le porte-avions seul perdrait considérablement de son intérêt. Sa puissance est mise en valeur, décuplée, par la force navale. Et notamment l'état-major tactique qui commande la force en pleine mer tout en restant en contact quasi-permanent avec le commandement des opérations basé à Paris, les frégates et les sous-marins d'escorte qui assurent la protection du porte-avions face aux agressions extérieures, la logistique qui permet à la force navale d'opérer pendant des mois à très grande distance de notre pays.

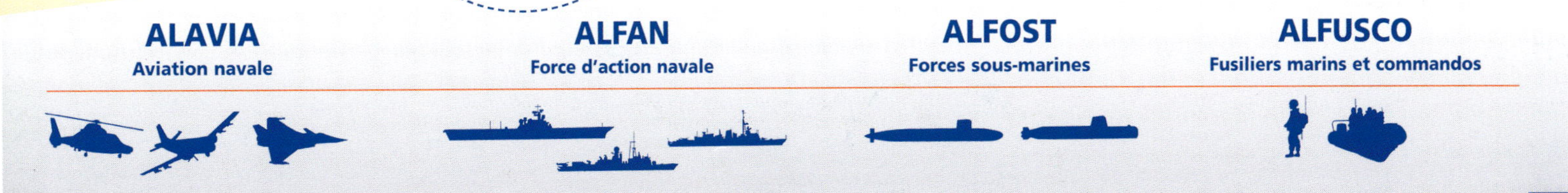

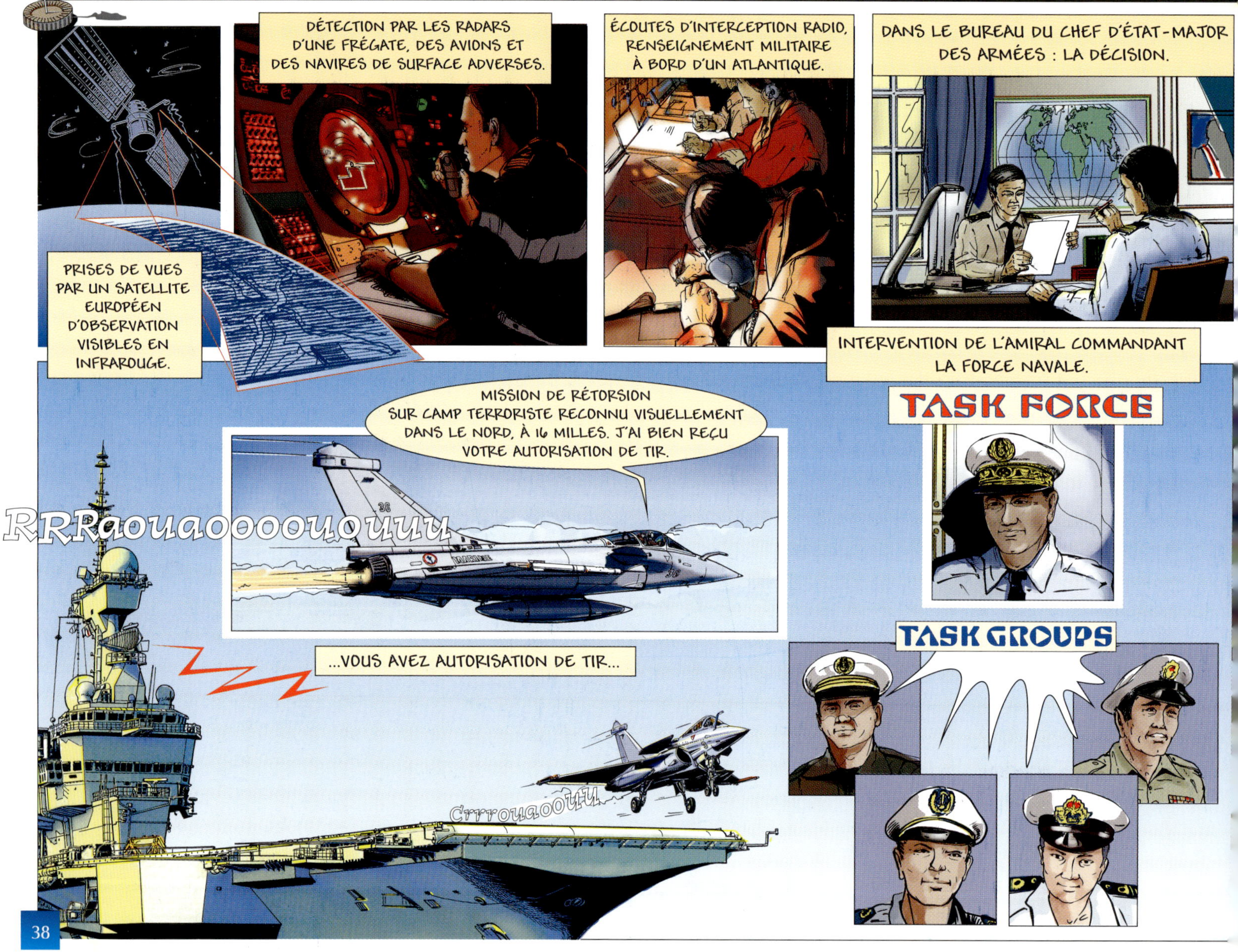
DÉTECTION PAR LES RADARS D'UNE FRÉGATE, DES AVIONS ET DES NAVIRES DE SURFACE ADVERSES.
ÉCOUTES D'INTERCEPTION RADIO, RENSEIGNEMENT MILITAIRE À BORD D'UN ATLANTIQUE.
DANS LE BUREAU DU CHEF D'ÉTAT-MAJOR DES ARMÉES : LA DÉCISION.
PRISES DE VUES PAR UN SATELLITE EUROPÉEN D'OBSERVATION VISIBLES EN INFRAROUGE.
INTERVENTION DE L'AMIRAL COMMANDANT LA FORCE NAVALE.
TASK FORCE
MISSION DE RÉTORSION SUR CAMP TERRORISTE RECONNU VISUELLEMENT DANS LE NORD, À 16 MILLES. J'AI BIEN REÇU VOTRE AUTORISATION DE TIR.
RRRaouaooooououuu
MARINE
...VOUS AVEZ AUTORISATION DE TIR...
TASK GROUPS
Crrrouaoouu

Commander la force navale

Comment est organisée une opération contre un objectif terrestre ?

La première phase s'appelle la planification. Quel est l'effet recherché ? Quelle est la menace ? Quelles sont les possibilités offertes ? Qu'elle est la meilleure de ces possibilités ?
Une fois la décision stratégique prise, une succession de séquences tactiques se déroulent : reconnaissance des lieux par satellites, avions de reconnaissance ou commandos, écoute des émissions électroniques adverses, rassemblement de toutes les informations disponibles, choix des cibles, traitement des cibles, évaluation des résultats obtenus.

Quels sont les maillons de la chaîne de commandement ?

PRESIDREP : Le président de la République, chef des Armées, selon la Constitution de la Ve République décide de l'emploi des forces. L'assemblée nationale est consultée pour l'engagement d'une opération extérieure.

CEMA : Le Chef d'Etat-Major des Armées utilise le Centre de Planification et de Conduite des Opérations **(CPCO)** situé à Paris, pour commander l'emploi des forces interarmées.

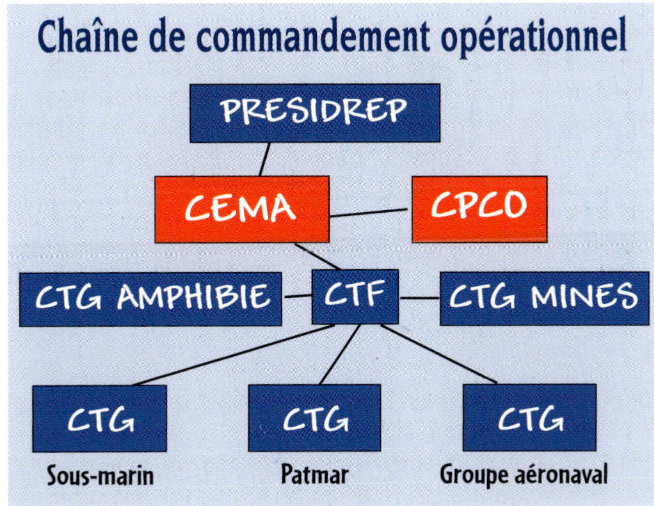

Le Commandant de la Task Force **(CTF)** ou Force navale, est un amiral désigné pour commander sur zone toute la flotte nationale ou alliée mise en œuvre. Il est assisté de Commandants de Task Groups **(CTG)** ou "groupements navals", qui commandent chacun un groupe spécialisé : par exemple le groupe aéronaval, le groupe amphibie ou de guerre des mines.
Le CTF travaille en étroite collaboration avec ses homologues des autres armées.

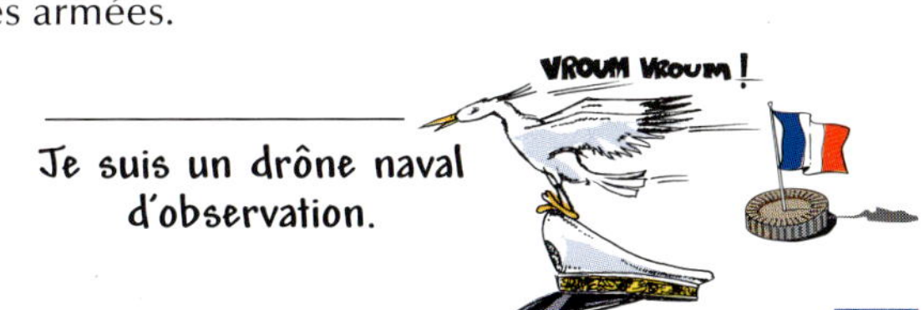

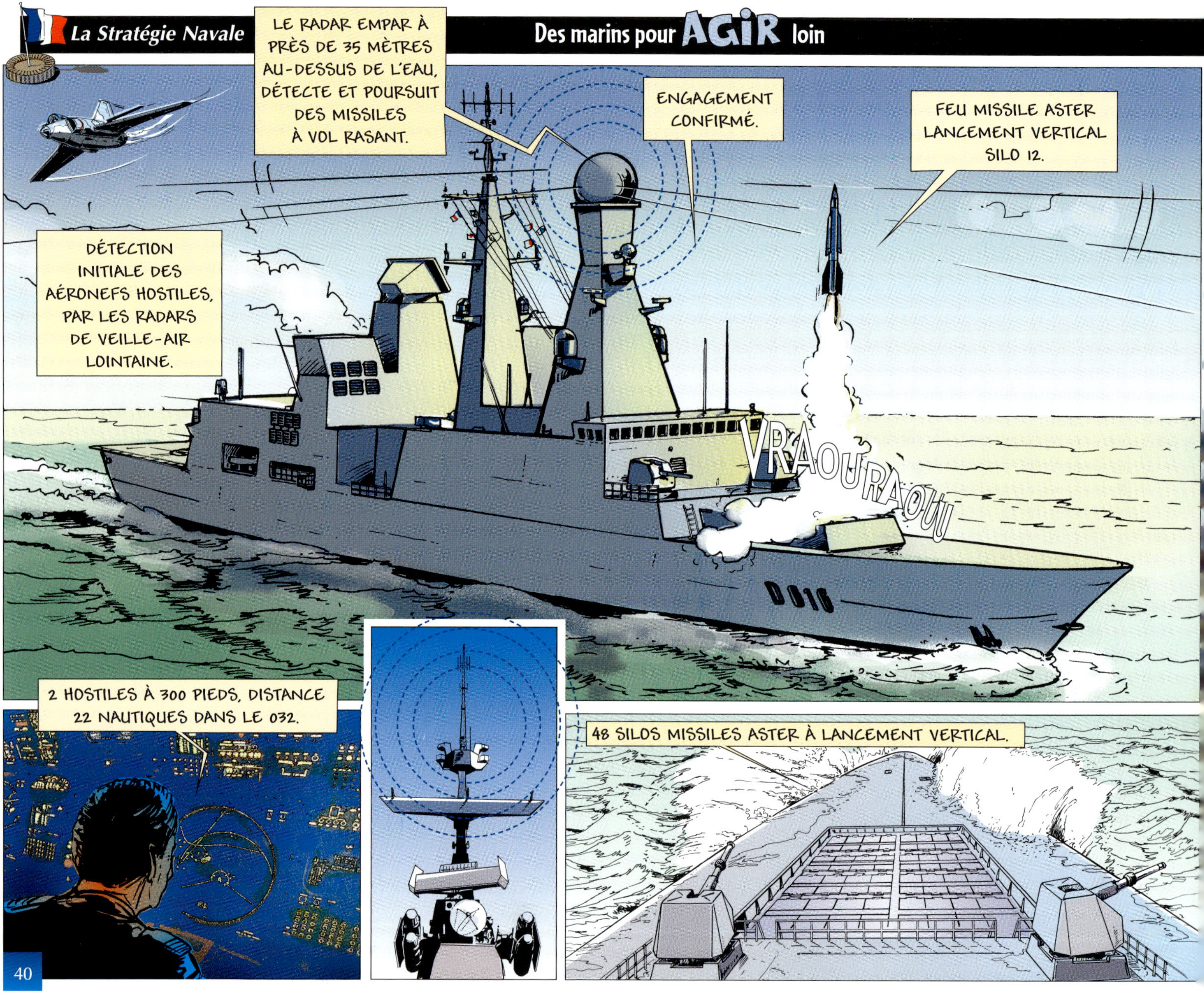
LE RADAR EMPAR À PRÈS DE 35 MÈTRES AU-DESSUS DE L'EAU, DÉTECTE ET POURSUIT DES MISSILES À VOL RASANT.
ENGAGEMENT CONFIRMÉ.
FEU MISSILE ASTER LANCEMENT VERTICAL SILO 12.
DÉTECTION INITIALE DES AÉRONEFS HOSTILES, PAR LES RADARS DE VEILLE-AIR LOINTAINE.
VRAOURAOU
D616
2 HOSTILES À 300 PIEDS, DISTANCE 22 NAUTIQUES DANS LE 032.
48 SILOS MISSILES ASTER À LANCEMENT VERTICAL.

Les missiles, une menace redoutable

Qu'est-ce qu'un missile ?

Lorsqu'il y a un conflit, une grande menace pour un groupe de bâtiments à la mer, positionnés souvent à proximité des côtes devenues hostiles, c'est le missile. Le missile est un avion sans pilote, c'est l'équivalent d'un gros obus ou d'une bombe guidée.

Ce qui le rend particulièrement dangereux : il est plus rapide que l'avion, capable d'effectuer des manœuvres plus brutales, et se comporte comme un kamikaze ! Les moyens informatiques actuels font que le missile est capable d'intelligence pour détecter sa cible et l'attaquer de la façon la plus adaptée.

Seul, il se montre déjà redoutable, mais comme les loups, sa force est décuplée par l'attaque en... meutes !

Comment se protège-t-on de la menace missile ?

Tous les navires possèdent un minimum de capacité d'autodéfense, mais cela ne suffit pas vis-à-vis d'un adversaire aussi dangereux. Le principe général de protection de la force navale est l'utilisation d'une protection dans la profondeur, par couches de défense successives.

On prévoit ainsi sur l'avant de la force navale, ou bien dans la direction de menace principale, une frégate de détection aérienne, en mission de "watchdog" (chien de garde). Elle établit ainsi une situation opérationnelle, recueille les informations comme le renseignement électronique ou les informations reportées par les avions de guet aérien.

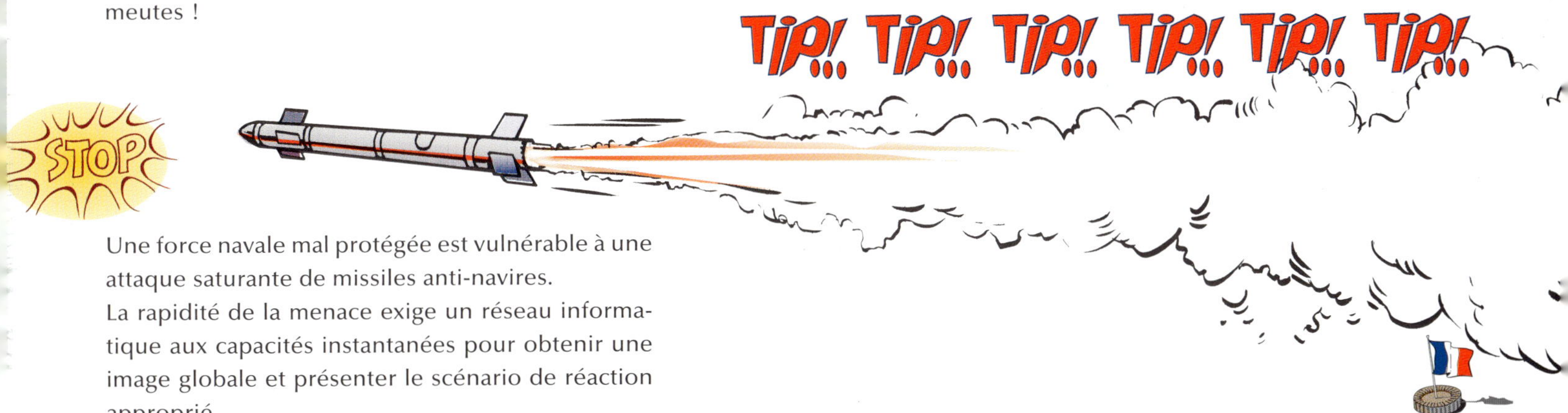

Une force navale mal protégée est vulnérable à une attaque saturante de missiles anti-navires.

La rapidité de la menace exige un réseau informatique aux capacités instantanées pour obtenir une image globale et présenter le scénario de réaction approprié.

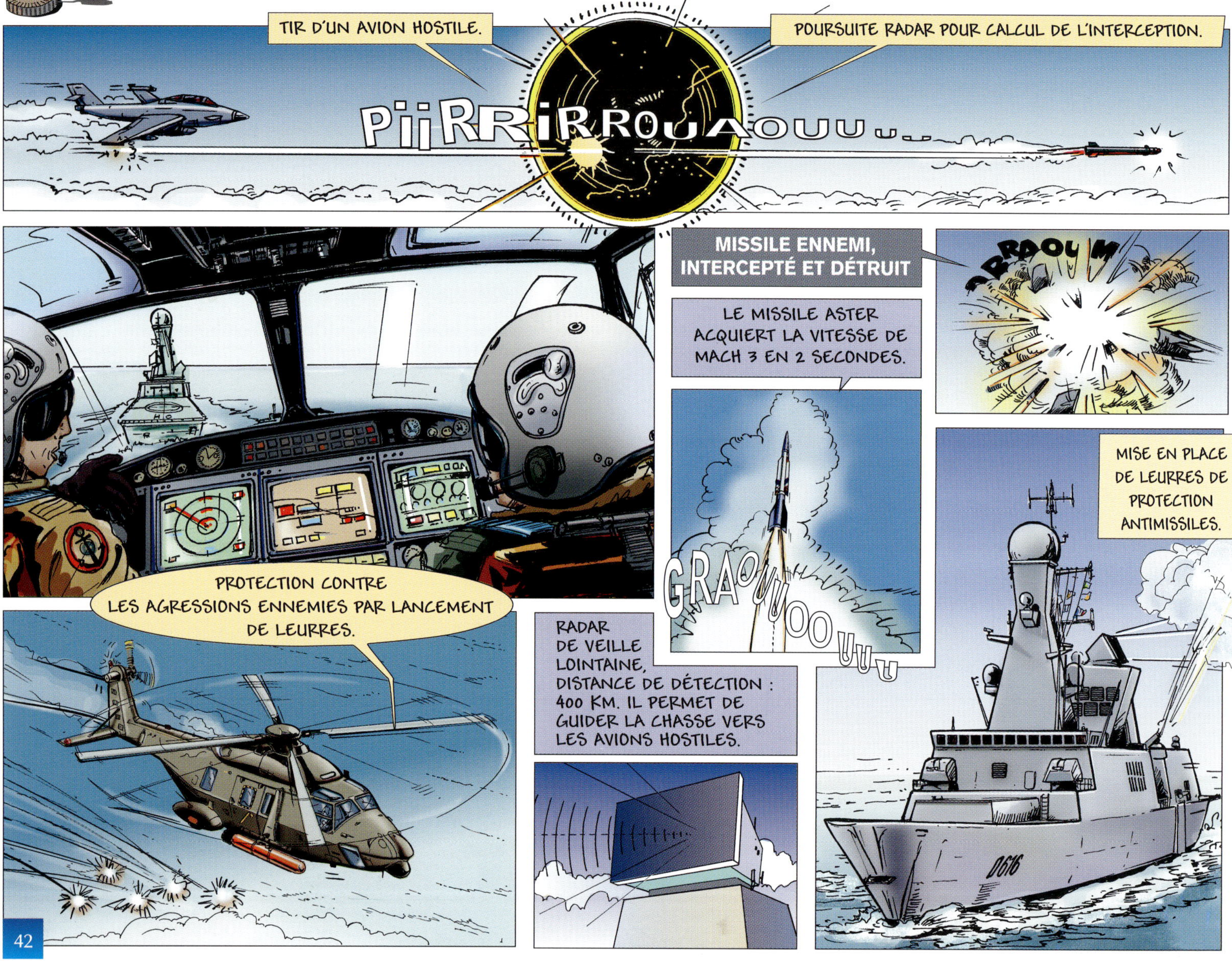
TIR D'UN AVION HOSTILE.
POURSUITE RADAR POUR CALCUL DE L'INTERCEPTION.
PIIRRRIRROUAOUUU...
MISSILE ENNEMI, INTERCEPTÉ ET DÉTRUIT
LE MISSILE ASTER ACQUIERT LA VITESSE DE MACH 3 EN 2 SECONDES.
GRAOUUOOUUU
MISE EN PLACE DE LEURRES DE PROTECTION ANTIMISSILES.
PROTECTION CONTRE LES AGRESSIONS ENNEMIES PAR LANCEMENT DE LEURRES.
RADAR DE VEILLE LOINTAINE, DISTANCE DE DÉTECTION : 400 KM. IL PERMET DE GUIDER LA CHASSE VERS LES AVIONS HOSTILES.
D616

Quel est le rôle des frégates antiaériennes ?

La frégate antiaérienne a pour vocation de protéger l'ensemble des navires des missiles et des aéronefs ennemis.

La frégate *Horizon,* en cours de construction, possédera plusieurs capteurs pour détecter les cibles : capteurs actifs et indiscrets, ce sont les radars, capteurs passifs et discrets, ce sont les systèmes d'interception des ondes radio et radar appartenant au système de guerre électronique.

Toutes les données obtenues par les systèmes de recueil d'informations du navire, mais aussi par les systèmes de détection de tous les navires de la force navale, grâce aux liaisons de transmissions de données automatiques, sont engrangées, analysées, triées dans des délais extrêmement brefs.

Le cerveau de la frégate qui gère toutes ces informations se nomme le système de combat intégré, c'est lui qui donne toute sa valeur militaire au navire.

Quelles sont les caractéristiques de la future frégate antiaérienne *Horizon* ?

La frégate dispose de deux gros radars.

Au sommet de la tour, le radar multifonctions *Empar* a pour rôle de poursuivre les cibles et de transmettre cette information aux armes, dans la Marine on dit : “assurer l'engagement”.

Le mât arrière porte le radar appelé radar de veille air lointaine, capable de détecter un aéronef à plus de 400 kilomètres.

Le mât central reçoit les équipements de guerre électronique. Pour détecter au plus loin les missiles rapides à vol rasant, les plus difficiles à détecter, on a installé le radar *Empar* à près de 35 mètres au-dessus de l'eau.

Tous ces radars et appareils de guerre électronique, appelés aériens, qui sont de masse importante, imposent à la plate-forme de posséder une grande stabilité naturelle. C'est l'une des raisons pour lesquelles le navire est très large (20,30 mètres).

C'est un gros bateau, Commandant ?

En effet, la frégate est un gros bâtiment. Sa longueur dépasse 150 mètres. Le déplacement ou tonnage atteint près de 7 000 tonnes. L'immense plage avant cache 48 silos (rampes de lancement souterraines) de lancement vertical *Sylver* capables de tirer les missiles *Aster 15* courte portée et *Aster 30* longue portée (plus de 70 km).

La plate-forme et le hangar hélicoptère sont dimensionnés pour accueillir un hélicoptère de la classe des 10 tonnes comme le *NH90.* L'hélicoptère est un système d'armes important du navire : il contribue en effet à la protection antinavires et anti-sous-marine, et assure également l'identification des navires à grande distance.

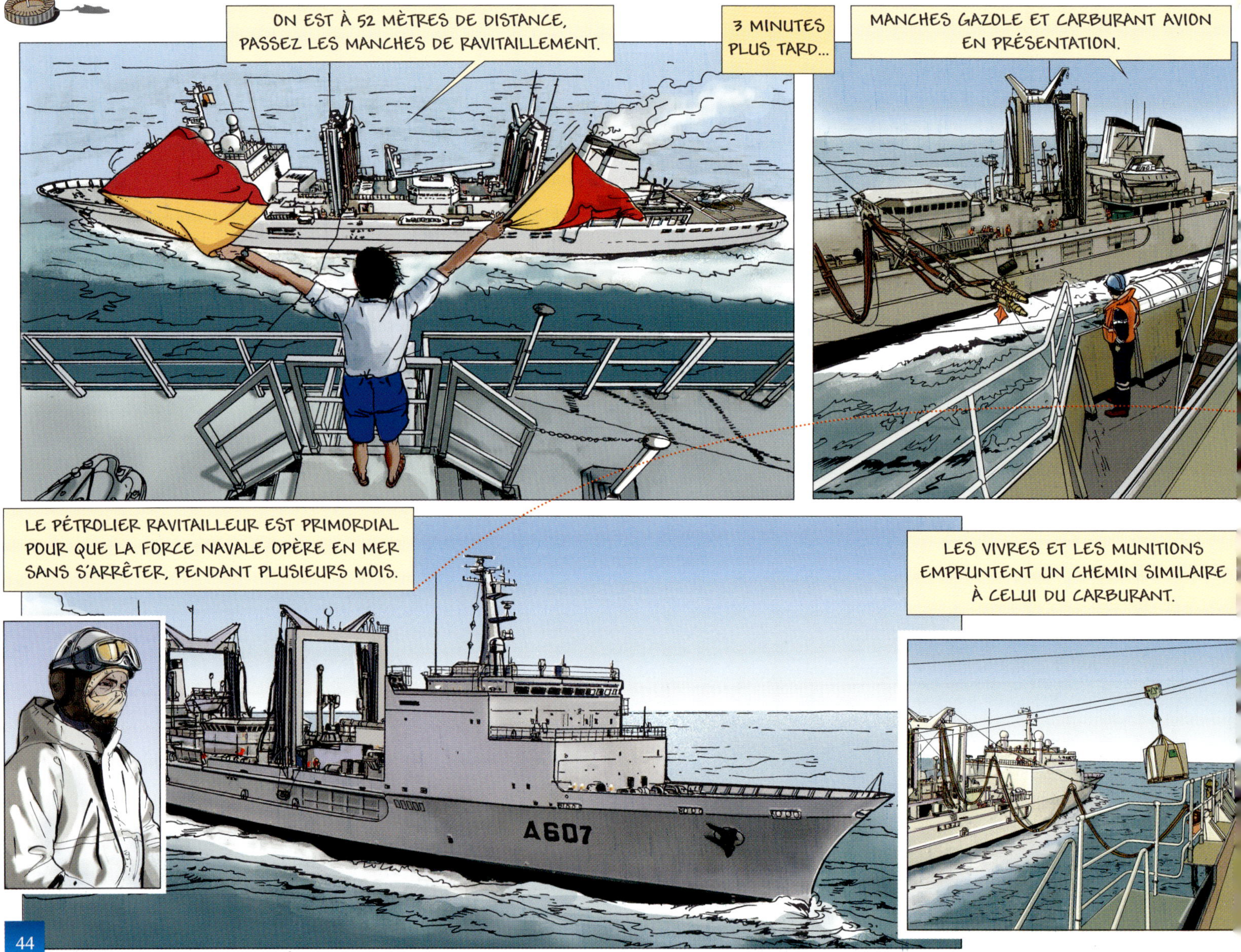
ON EST À 52 MÈTRES DE DISTANCE, PASSEZ LES MANCHES DE RAVITAILLEMENT.
3 MINUTES PLUS TARD...
MANCHES GAZOLE ET CARBURANT AVION EN PRÉSENTATION.
LE PÉTROLIER RAVITAILLEUR EST PRIMORDIAL POUR QUE LA FORCE NAVALE OPÈRE EN MER SANS S'ARRÊTER, PENDANT PLUSIEURS MOIS.
A607
LES VIVRES ET LES MUNITIONS EMPRUNTENT UN CHEMIN SIMILAIRE À CELUI DU CARBURANT.

Faire durer la force navale à la mer

Une force navale d'une douzaine de navires consomme beaucoup ! Comment peut-on la ravitailler ?

La plupart des bateaux et des sous-marins de la Marine sont capables de passer plus d'un mois à la mer sans ravitaillement. Dans une force en opération, la règle est de toujours conserver au moins 70 % de son autonomie. Pour la nourriture, le pétrole, les munitions et le courrier, le CTF dispose d'une flotte logistique de bâtiments spécialisés et d'hélicoptères.

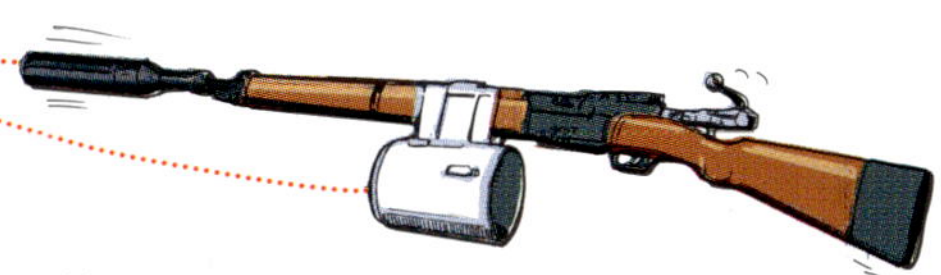

Quelles sont les capacités d'un pétrolier ravitailleur ?

Les principaux combustibles d'une force navale sont le gazole... et la nourriture ! La réserve de gazole d'un ravitailleur (10 000 tonnes) correspond à environ 20 pleins de frégates en opération. Une opération de ravitaillement à la mer dure de 2 à 4 heures : elle comprend à la fois le transfert de combustible par manches, les deux navires faisant route parallèle, et le transfert de vivres frais ou de longue durée, conserves et surgelés. Un ravitaillement très apprécié par les marins est celui du courrier, dont la poste aux armées assure le suivi.

Existe-t-il des navires spécialisés pour réaliser des réparations ?

C'est le cas du Bâtiment Atelier Polyvalent (BAP) *Jules Verne* qui suit la force navale et lui apporte le soutien de ses ateliers spécialisés et ses pièces de rechanges pour maintenir la disponibilité des bâtiments. Si le déploiement est très long, le CTF pourra décider des arrêts de certaines unités pour entretien et réparations, avec l'aide de navires de soutien (des révisions en quelque sorte).

Un bâtiment de guerre navigue régulièrement 2 500 heures par an. Si tu en faisais autant avec la voiture de tes parents à 100 km/h de moyenne, tu parcourerais 250 000 kilomètres par an. Ça mérite bien quelques petites révisions de temps en temps, non ?

Combien de temps une force navale peut-elle rester en opération ?

Pendant l'opération *Héraclès* au large de l'Afghanistan, le *Charles de Gaulle* est resté 7 mois en opération. Au cours de cette période, il a effectué plusieurs escales pour recevoir des pièces de rechanges, relever ou reposer l'équipage. Les frégates et les sous-marins de son escorte ont été relevés au bout de quatre mois environ. Et les pétroliers ravitailleurs ont réalisé des norias permanentes entre les ports de ravitaillement et la force navale en haute mer.

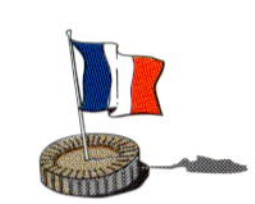

31 décembre. EMBUSQUÉ DEVANT UN PORT MILITAIRE, LE SNA AMÉTHYSTE OBSERVE LES ACTIVITÉS ADVERSES. UNE ÉQUIPE DU COMMANDO PENFENTENYO QUITTE DISCRÈTEMENT LE SOUS-MARIN. SA MISSION : OBSERVER, RENDRE COMPTE.
15 février. Le La Fayette, au large, enregistre les émissions radio et radars.
J'INTERCEPTE LES COMMUNICATIONS DE L'ÉTAT-MAJOR GÉNÉRAL.
15 mars : LA FAYETTE DE PANTHER. J'AI LARGUÉ NOS DEUX CHUTEURS OPÉRATIONNELS. JE RENTRE À BORD.
FLAPFLAP FLAPFLAP
6 mai : UN RAIL QUOTIDIEN DE GUERRE ÉLECTRONIQUE CONFIRME LA POSITION DES SITES RADARS ET DES STATIONS RADIO.
MARINE
SOUS VOILE, LES HOMMES DU COMMANDO HUBERT PÉNÈTRENT PROFONDÉMENT EN TERRITOIRE ADVERSE. LEUR MISSION : OBSERVER, SABOTER.

Force navale et projection de forces

Avec la force navale constituée autour du porte-avions, nous venons de décrire la projection de puissance : les avions du *Charles de Gaulle* (demain les missiles de croisière lancés par les frégates et les sous-marins) frappent leur cible à plus de 1 000 kilomètres de distance au cœur du territoire adverse.
Une force navale peut également se voir confier un autre type de mission : la projection de forces. Il s'agit alors de débarquer des troupes en territoire ennemi.
La "force navale de projection de forces" est similaire à celle que nous venons de voir. Elle peut comprendre un porte-avions, elle est dirigée par un état-major tactique, elle compte des frégates et des sous-marins d'escorte, elle a besoin d'un soutien logistique. Mais la pièce maîtresse en est le bâtiment d'assaut (Transport de Chalands de Débarquement, *TCD* ou demain Bâtiment de Projection et de Commandement, *BPC*).

Mais commençons par le commencement. La projection de forces est une opération complexe, parce qu'elle mobilise les moyens de toutes les armées. Les unités de la Marine, sous-marins, commandos, avions, bâtiments de surface commencent à opérer plusieurs mois avant le jour J, fixé pour nous au 6 juin.

Le 5 juin,
les chasseurs de mines Croix du Sud, Céphée et Eridan reconnaissent les routes du débarquement.

Pas de danger de mines.

Le jour J est fixé au 6 juin.

6 juin - à l'aube : LES NAGEURS DE COMBAT DU COMMANDO HUBERT CHASSENT LES MINES AU BORD DE LA PLAGE.
...SÉCURISENT LES POINTS DE DÉBARQUEMENT.
A tous d'amiral CTF, j'ordonne le début des opérations.
6 juin - 8 heures : LA FORCE HÉLIPORTÉE A QUITTÉ LE SIROCO. ELLE INTERVIENT EN AVANT-GARDE.
6 juin - 10 heures : LA PLAGE EST TENUE SOLIDEMENT. LE SIROCO S'EST RAPPROCHÉ. SA BATELLERIE DÉBARQUE DES MOYENS LOURDS.
DÉBARQUEMENT DES TROUPES DE SOUTIEN PAR UN DES CHALANDS DU SIROCO.
RENFORCEMENT DE LA TÊTE DE PONT, LA LOGISTIQUE ROULE SUR LA PLAGE.

Débarquer des forces

Le jour le plus long

L'effet de surprise est primordial. Il doit être préservé même si les lieux de débarquement sont observés depuis des mois. Au large, le porte-avions lance ses pontées d'intercepteurs pour protéger les bâtiments amphibies, et ses pontées d'assaut pour détruire les poches de résistance et interdire la progression des renforts adverses, guidés par les Commandos Marine embusqués depuis des semaines.

Pour les troupes de débarquement, la tactique consiste à ouvrir une brèche puis à l'élargir. Quelques nageurs de combat du commando *Hubert* sur une plage, puis quelques centaines de soldats de l'Infanterie de Marine ou de la Légion, transportés par *NH 90* depuis le *TCD*, puis des camions, des blindés, des canons déposés sur la plage par les chalands de débarquement.

On prend alors un port à proximité, un aéroport et la brèche continue de s'agrandir. La noria logistique est lancée, vivres, pétrole, munitions, courrier, médicaments... ce flux vital pour les opérations sera entretenu durant des mois.

Taxi mer ou taxi air ?

Un *TCD* comme le *Siroco* emporte jusqu'à 200 véhicules, chars, véhicules de l'avant blindés (*VAB*), camions, canons, lance-roquettes. Il lui suffit de trois heures pour les débarquer sur une plage. Les futurs BPC *Mistral* et *Tonnerre* auront également 20 hélicoptères contre 6 pour les *TCD* d'aujourd'hui. Hélicoptères de transport comme le *NH 90* ou de combat comme le *Tigre*, ils jouent un rôle crucial dans les premières heures de l'opération.

La Marine soutient les forces terrestres

Outre les avions du porte-avions, les frégates réalisent des appuis feu au canon sur les principaux obstacles. Dans quelques années, les frégates et les sous-marins appuieront la manœuvre avec des missiles de croisière.

La force assure aussi le soutien logistique, technique et de santé grâce aux capacités hospitalières des navires amphibies : chacun dispose en effet d'un hôpital de cinquante lits médicalisés et de salles d'opérations parfaitement équipées.

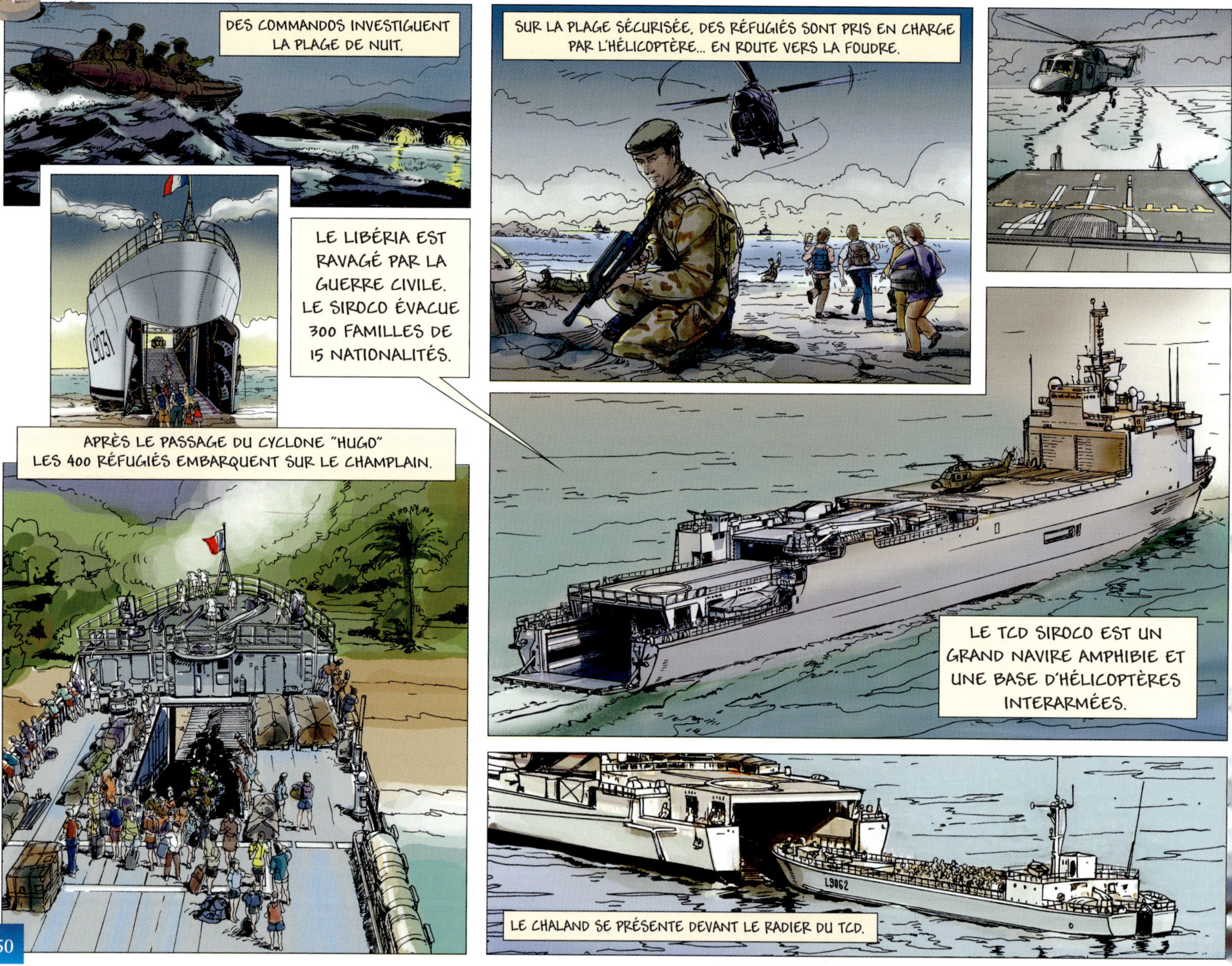
DES COMMANDOS INVESTIGUENT LA PLAGE DE NUIT.
SUR LA PLAGE SÉCURISÉE, DES RÉFUGIÉS SONT PRIS EN CHARGE PAR L'HÉLICOPTÈRE... EN ROUTE VERS LA FOUDRE.
L9031
LE LIBÉRIA EST RAVAGÉ PAR LA GUERRE CIVILE. LE SIROCO ÉVACUE 300 FAMILLES DE 15 NATIONALITÉS.
LE TCD SIROCO EST UN GRAND NAVIRE AMPHIBIE ET UNE BASE D'HÉLICOPTÈRES INTERARMÉES.
APRÈS LE PASSAGE DU CYCLONE "HUGO" LES 400 RÉFUGIÉS EMBARQUENT SUR LE CHAMPLAIN.
L9062
LE CHALAND SE PRÉSENTE DEVANT LE RADIER DU TCD.

Evacuer des ressortissants en danger

1,5 million de Français vivent à l'étranger. La plupart coulent des jours paisibles dans des pays accueillants. Mais certains se trouvent parfois dans des situations inextricables, directement menacés par une guerre civile ou tribale, pris par les agonies d'un Etat en décomposition. Leur porter assistance, les sauver, c'est une des missions des armées en général, et de la Marine en particulier.

Abandonnant tout derrière eux, parfois le produit des efforts d'une vie entière, ils sont recueillis sur les bateaux de la Marine, première étape d'un douloureux voyage, la sécurité contre l'abandon. Régulièrement, ces dernières années, tous les 2 ou 3 ans, la Marine s'est livrée à ces opérations difficiles : Libéria, Sierra Leone, Yémen…

Même si elles ne mettent pas en jeu des troupes très nombreuses ou des technologies de pointe, les opérations d'évacuation nécessitent de prendre pied dans un pays généralement ravagé, où les rivaux nous soupçonnent tous de vouloir prendre parti contre eux, où nos ressortissants vivent un déchirement psychologique, où toutes les personnes qui se sentent menacées essaient de fuir (au Libéria en 2003, seules 25 des 535 personnes évacuées par l'*Orage* étaient françaises).

Pour les équipages, ces missions sont toujours très marquantes. L'accueil sur un *TCD* de milliers de personnes, dans le plus total dénuement, hagardes, abattues, puis les heures passant, réalisant qu'elles sont sauves, reconnaissantes, liantes, cet accueil constitue une expérience inoubliable et poignante. Ces opérations sont conduites en étroite collaboration avec les autorités diplomatiques françaises qui passent les consignes, rassemblent nos concitoyens aux points de rendez-vous fixés avec les commandos marine. Les norias de chalands de débarquement, d'embarcations rapides, d'hélicoptères peuvent alors débuter vers le bâtiment (*TCD, Batral* ou frégate) en attente hors de portée des armes des belligérants. Il faut être rapide et garder jusqu'au dernier moment ses facultés d'adaptation ; les choses ne se passent jamais comme prévu. 1 500 personnes peuvent ainsi embarquer sur un *TCD*, 400 sur un *Batral*, et y séjourner environ 24 heures, le temps d'atteindre le port sûr le plus proche.

La mission Corymbe

Depuis 1990, la Marine dépêche en permanence un bâtiment dans le golfe de Guinée, entre le Sénégal et l'Angola. Le *CEMA* assure son commandement opérationnel. Nous en sommes aujourd'hui à plus de 70 missions *Corymbe* de 4 mois. En fonction des circonstances, un *TCD*, une frégate, un aviso remplit cette mission : constituer la 6e base prépositionnée de la France au large de l'Afrique (les cinq autres étant Dakar, Abidjan, N'Djamena, Libreville et Djibouti).

Des marins pour AGIR loin

Dans chaque région du monde, Méditerranée, Atlantique, Pacifique, océan Indien, Caraïbes, un officier de marine et son état-major assurent le contrôle des bateaux, sous-marins, aéronefs et commandos de la Marine. Ils appliquent les directives du commandant des opérations qui, en France, est toujours le CEMA (chef d'état-major des armées, voir page 39).

Chaque jour de l'année, à chaque instant, il y a en moyenne 32 bâtiments qui naviguent, 12 aéronefs de la Marine qui volent, et au moins un *SNLE* qui patrouille.
Cette activité s'étend sur toutes les mers du monde. 25 bâtiments de combat de la Marine (sur 80) sont déployés loin du territoire métropolitain auprès des foyers de tension pour une durée de 4 mois environ ou à titre permanent. Ils sont alors basés dans un Dom ou un Tom.
En Antilles-Guyane, en Polynésie, en Nouvelle-calédonie,

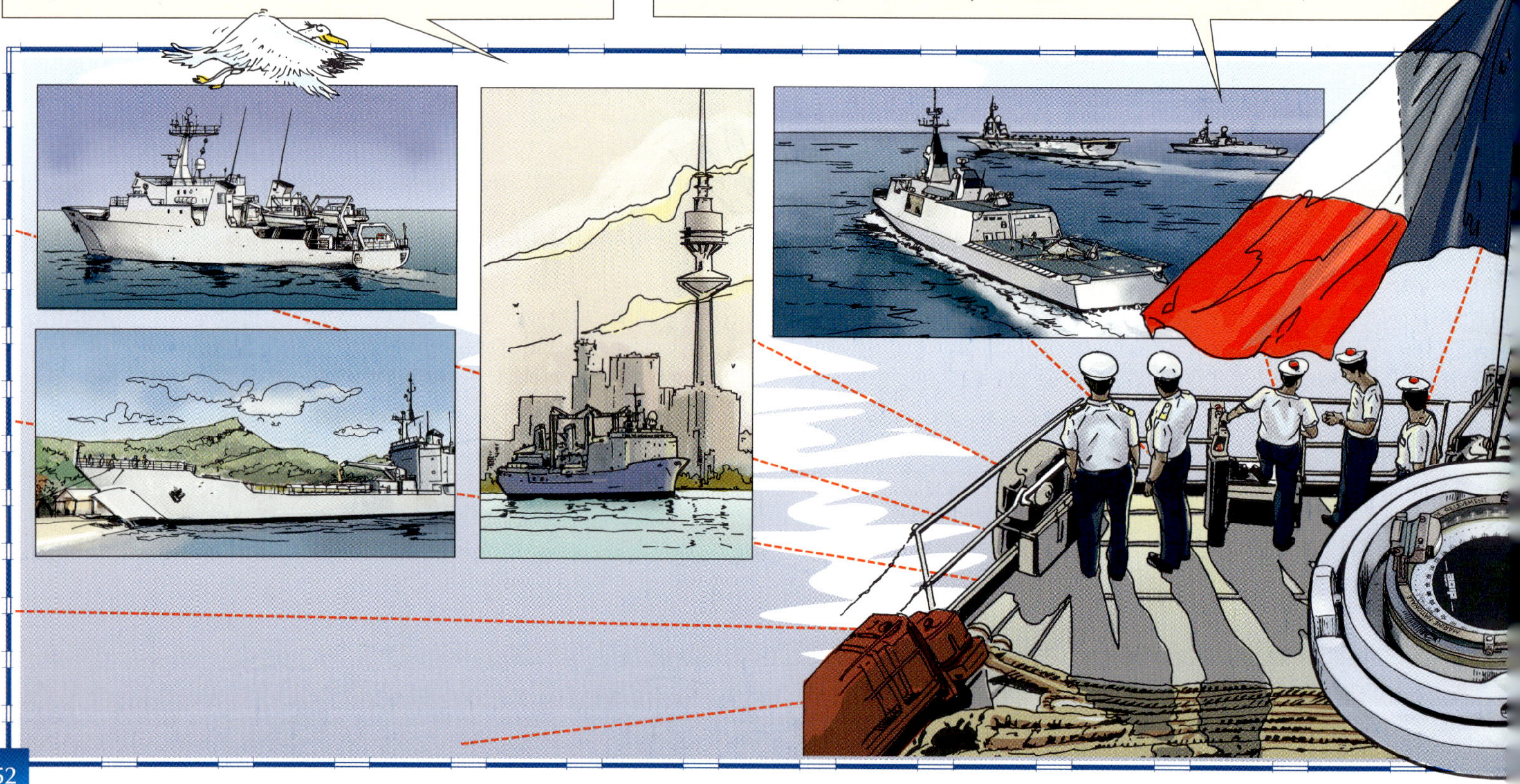

Présents sur tous les océans

à La Réunion, les permanents de l'outre-mer sont des unités de taille moyenne ou petite, rustiques, endurantes : les *P 400*, les *Batral*, les frégates de surveillance. Leurs missions : exercer la sauvegarde dans nos approches maritimes (voir chapitre suivant), ravitailler des îles isolées, surveiller, interpeller des pêcheurs illicites, arrêter des trafiquants de drogue, évacuer des ressortissants. Ces unités prépositionnées sont les agents quotidiens de la coopération régionale. S'exercer avec les autres marines et garde-côtes, former leurs marins, partager le renseignement maritime, rencontrer, nouer des relations avec nos voisins, cela fait partie de leur mission.
Si les choses se gâtent, ce sont les frégates qui arriveront en renfort puis les *Atlantique*, les *SNA*, enfin si besoin est le groupe aéronaval.

Les escales permettent de se ravitailler en vivres et combustibles, de recevoir des pièces de rechange, de reposer et de relever les équipages, de préparer ou d'analyser les exercices organisés avec la marine locale, de nouer des liens avec les marins étrangers.

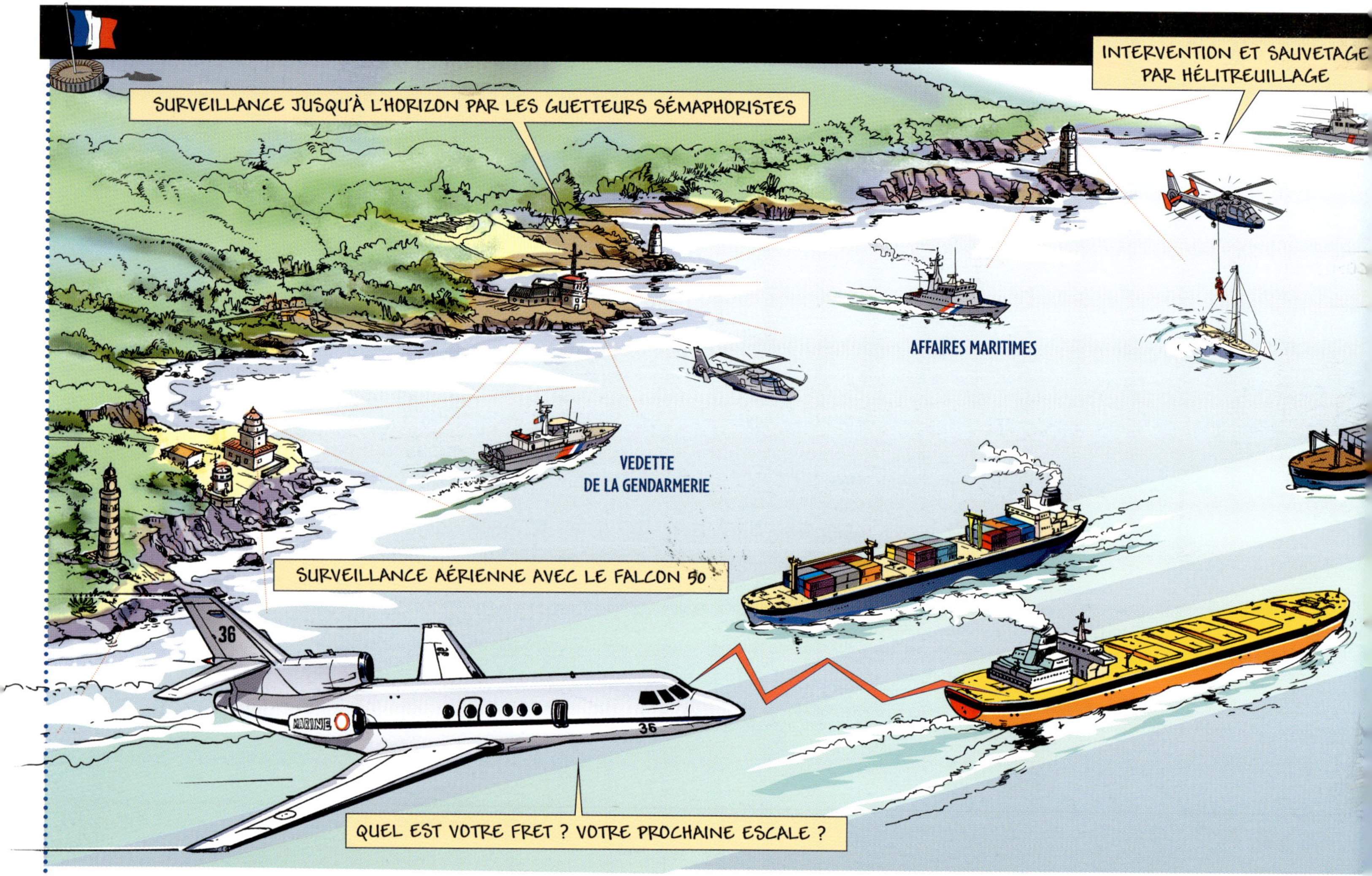

Il ne servirait à rien de dépêcher notre porte-avions *Charles de Gaulle* à l'autre bout du monde pour intervenir dans des crises qui nous menacent, si, dans le même temps, la Marine ne participait pas à la protection maritime de notre pays. C'est la sauvegarde maritime.

Du littoral français à l'horizon, la Marine assure cette mission en étroite coopération avec les Affaires maritimes, les Douanes, la Gendarmerie maritime…

Au-delà de l'horizon, les moyens hauturiers de la Marine surveillent les approches maritimes en coopération avec les marines alliées.

Des marins pour SAUVER et GARDER

L'échange de renseignements est essentiel pour obtenir la surveillance la plus large et la plus complète possible et pour intervenir chaque fois que nécessaire au plus vite ou au plus loin de nos côtes.
Sémaphores, hélicoptères, patrouilleurs, remorqueurs de haute mer, navires dépollueurs, frégates, commandos, avions de surveillance maritime sont les acteurs de la sauvegarde.
C'est au total 2 000 marins, 70 bateaux, dont 20 de combat, 24 vedettes de la Gendarmerie maritime, 59 sémaphores, 6 hélicoptères *Dauphin*, 4 avions *Falcon 50*.

Des marins pour SAUVER et GARDER

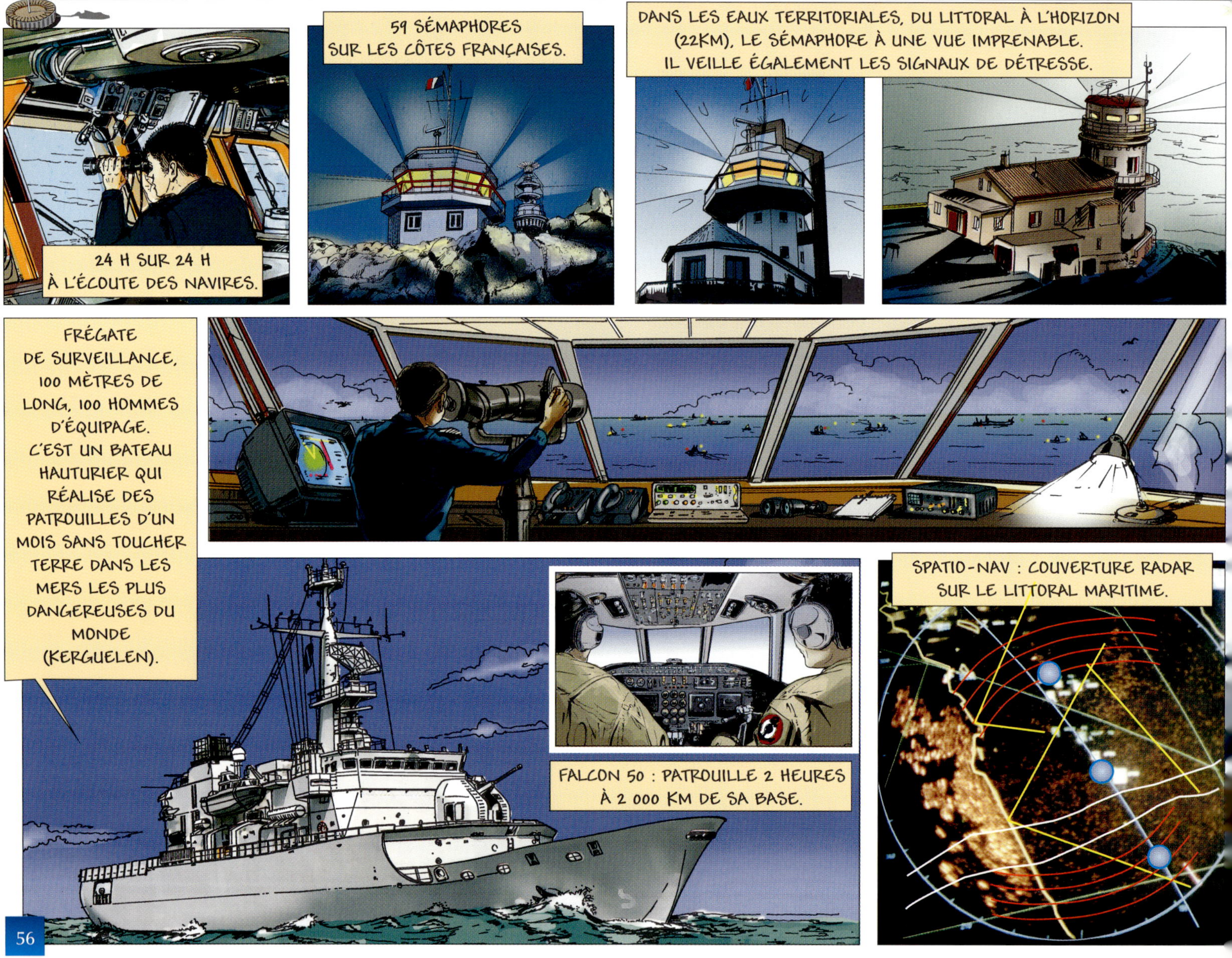

Surveiller nos approches maritimes

Pour sauver comme pour garder, il faut commencer par surveiller l'océan, grâce à des observations directes (les radars des bateaux, des avions, des sémaphores ou les yeux des guetteurs) grâce à l'échange de renseignements (par exemple lorsque les autorités américaines nous informent qu'un cargo chargé de drogue se dirige vers la France).

Toutes ces informations sont rassemblées, confrontées, validées dans une image perpétuellement changeante de nos approches maritimes.

Ces approches commencent le long de notre littoral et vont aussi loin que nous sommes capables d'obtenir des informations.

C'est ce qu'on appelle la profondeur stratégique qui permet de préparer au mieux la manœuvre des forces. Cette profondeur se révèle nécessaire pour lutter contre une pollution maritime comme pour intercepter un trafiquant de drogue.

Si on se contentait de surveiller nos côtes le long d'un sentier de douanier ou même dans le mince ruban de 22 kilomètres de large que forment les eaux territoriales, la Marine serait toujours à la remorque des événements, passive, souvent impuissante. Pour agir, il faut voir loin, parfois à des milliers de kilomètres, par exemple pour le narcotrafic entre l'Amérique du Sud et l'Europe.

Du littoral à l'horizon, les 59 sémaphores français jouent un rôle important. Ils constituent un réseau que la Marine modernise. Dans quelques mois, les radars des sémaphores seront tous reliés entre eux par un intranet qui permettra de suivre les mouvements de tous les bateaux croisant à proximité (en-deçà de l'horizon) des 5 500 km des côtes françaises métropolitaines. C'est le programme Spationav. Cette image maritime globale intégrera également les détections des radars des bateaux et des avions de la Marine. Dans cette zone côtière, les sémaphores de la Marine travaillent quotidiennement avec des avions, des hélicoptères, des patrouilleurs de la Marine mais aussi avec les *CROSS* (Centres Régionaux de Surveillance et de Sauvetage) des Affaires maritimes, les vedettes de la Gendarmerie maritime, les avions des Douanes qui surveillent ces mêmes eaux. Tous sont placés sous l'autorité de l'amiral préfet maritime qui coordonne leurs actions.

Derrière l'horizon, hors de la vue des sémaphores et des moyens côtiers, ce sont les unités hauturières de la Marine qui exercent une surveillance vigilante. C'est une de leurs missions permanentes, qu'elles escortent un *SNLE* vers les grands fonds ou le *Charles de Gaulle* vers l'océan Indien. Mais face à des menaces précises (le terrorisme ou le narcotrafic) des frégates, des *Falcon 50* s'intègrent dans des forces navales internationales qui quadrillent la mer d'Oman ou de la mer des Caraïbes.

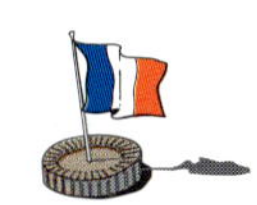

ICI LE CROSS, OÙ ALLEZ-VOUS ?
JE ME DIRIGE VERS HAMBOURG...
JE FAIS ROUTE VERS ROTTERDAM, JE NE TRANSPORTE PAS DE MARCHANDISES DANGEREUSES...
CROSS DE PÉTROLIER LARIGOU, JE SUIS EN AVARIE À 30 NAUTIQUES DANS LE NORD D'OUESSANT...
CROSS DE FALCON, JE VÉRIFIE LA POSITION DU LARIGOU...
CROSS, ICI ABEILLE-FLANDRE JE ME DIRIGE VERS LE LARIGOU.
ABEILLE FLANDRE
ICI ABEILLE FLANDRE, LE LARIGOU EST PRIS EN REMORQUE. JE ME DIRIGE VERS BREST.
L'AMIRAL PRÉFET MARITIME, DÉPÊCHE UNE ÉQUIPE D'ÉVALUATION. HÉLITREUILLÉE PAR UN DAUPHIN SUR LE LARIGOU : UN MÉCANICIEN, UN SPÉCIALISTE DU REMORQUAGE, UN OFFICIER DES AFFAIRES MARITIMES.

Sauver les bateaux en difficulté

La route maritime qui relie l'Amérique du Nord à l'Europe représente à elle seule 40 % de la circulation mondiale. 150 bâtiments, 7 millions de tonnes d'hydrocarbures passent chaque jour au large d'Ouessant.

A cette activité commerciale s'ajoutent les 4 000 navires de pêche armés par les 15 000 pêcheurs des côtes atlantiques ; les 20 millions de passagers qui traversent la Manche. De l'extrémité de la Bretagne au pas de Calais, nos côtes bordent une véritable autoroute des mers.

Sous l'autorité de l'amiral préfet maritime, la Marine surveille et intervient en coordination avec les autres administrations françaises (Affaires maritimes, Douanes, Gendarmerie maritime). La surveillance des Cross est complétée par celle des sémaphores, des bateaux à la mer et des avions qui la survolent.

En cas d'incident, l'intervention est dirigée par l'amiral préfet maritime, coordonnée par le Cross.

La Marine agit en priorité avec ses hélicoptères et les remorqueurs d'intervention en haute mer. Ces remorqueurs se postent en mer, près des rails dès que la tempête se lève. Depuis 20 ans, ils ont empêché des centaines d'"*Erika*" en remorquant les plus gros bateaux dans des mers démontées.

Au large d'Ouessant et du Cotentin c'est en moyenne 4 bateaux qui sont assistés chaque mois par les remorqueurs d'intervention (1 100 bateaux en 23 ans exactement). Ces remorqueurs "sauveteurs", les fameuses *Abeille*, seront bientôt 4 le long du littoral français basés à Toulon, Bordeaux, Brest et Cherbourg. Un cinquième posté dans le pas de Calais est affrété à parts égales par la Marine française et les garde-côtes britanniques.

Mise en demeure

Votre navire Larigou est en avarie à proximité du littoral de France. Au nom du gouvernement français et en application du droit International et de la loi du 7 juillet 1976, compte tenu du danger que représente votre navire Larigou pour le littoral français et les intérêts connexes, le préfet maritime vous met en demeure de prendre toutes les mesures pour faire cesser le danger immédiatement...

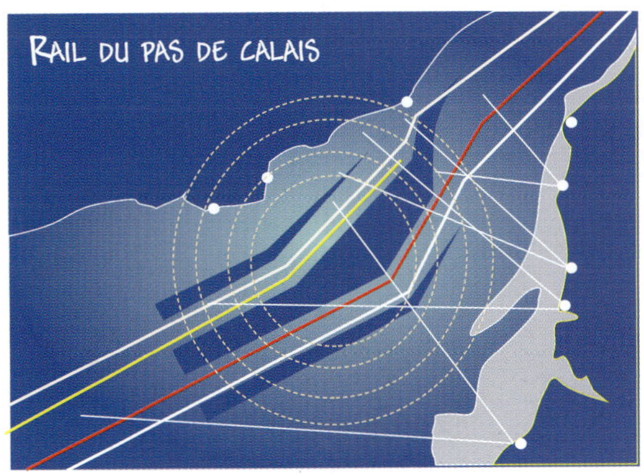

MAYDAY! MAYDAY! MAYDAY!
ICI LE SÉMAPHORE DE CARTERET, J'AI REÇU L'APPEL DE DÉTRESSE DU SEA LADY.
ICI FALCON, J'AI LARGUÉ UNE CHAÎNE DE SAUVETAGE À PROXIMITÉ DU SEA LADY.
30
LE CANOT DE LA SNSM RALLIE LA ZONE DU NAUFRAGE...
SNS
LE CANOT DE SURVIE A PERMIS AUX PLAISANCIERS D'ATTENDRE L'ARRIVÉE DE L'HÉLICOPTÈRE. FUMIGÈNES ET SIGNAUX LUMINEUX AIDENT L'HÉLICOPTÈRE À RALLIER.
UN PLONGEUR AIDE LE NAUFRAGÉ POUR L'HÉLITREUILLAGE.
LA FILLE EST À BORD, LE GARÇON EST MAL EN POINT, IL FAUT DESCENDRE LA CIVIÈRE.
LE GARÇON EST À BORD, ON PEUT REMONTER LE PLONGEUR. ON SERA À L'HÔPITAL DANS 30 MINUTES.

Sauver les marins en détresse

Sauver les marins en détresse, c'est un devoir pour tous les marins du monde. Cela s'appelle la solidarité des gens de mer.

La Marine ne remplit pas dans ce domaine un rôle exclusif. Au contraire, des associations comme la Société Nationale de Sauvetage en Mer (SNSM) sont irremplaçables (par an, la *SNSM* secourt 10 000 personnes, et en sauve 600 d'une mort certaine. Elle assiste également 3 000 bateaux).

Pour cette mission, la Marine met en œuvre la chaîne étendue des 59 sémaphores qui couvre la totalité des 5 500 km des côtes françaises ; et ses moyens hauturiers : avions, hélicoptères, bâtiments qui sont capables d'intervenir dans le pire des temps, loin des côtes s'il le faut.

Comment sait-on qu'un marin est en détresse ?

Les messages de détresse en mer (mayday phonétique de "m'aider", équivalent sur la radio de l'ancien SOS —save our soul— du morse) émis sur radio maritime sont veillés par tous les navigateurs et relayés aux Cross et aux sémaphores, répartis le long des côtes françaises. Ce sont ces Cross qui assurent la coordination immédiate des opérations de sauvetage, en faisant agir les moyens disponibles.

Le sauvetage en mer et la SNSM

La *SNSM* compte 255 stations de sauvetage réparties sur toutes les côtes de France et outremer dans les Dom. Elles sont armées par 3 500 sauveteurs en mer, marins confirmés, bénévoles issus pour la plupart des métiers de la mer (Pêche, Marine nationale, Marine marchande, Plaisance). Ils appareillent dans le quart d'heure qui suit l'alerte, sur ordre du Cross. La *SNSM* possède une véritable flotte de canots de sauvetage spécialement conçus pour cette mission et dotée des équipements les plus perfectionnés.

QUAND LE DRAME ARRIVE, UNE COURSE CONTRE LA MONTRE S'ENGAGE...
PRESTIGE
FALCON A TOUS, LE PÉTROLIER S'EST COUPÉ EN DEUX.
F-ZWTA
MARINE
UNE TONNE RAMASSÉE EN MER ÉVITE 10 TONNES DE DÉCHETS À TERRE.
EN MER, LE FIOUL EST ASPIRÉ ET S'IL EST ÉPAIS, ON LE RÉCUPÈRE À LA PELLE MÉCANIQUE.
GRÂCE À UNE MOBILISATION SANS PRÉCÉDENT, 50 300 TONNES DE DÉCHETS ONT ÉTÉ RÉCUPÉRÉES À LA MER PAR 600 BATEAUX DE 8 NATIONALITÉS DIFFÉRENTES.
L'ALCYON ET L'AILETTE, EN TANDEM, ENSERRENT UNE NAPPE DE FUEL LOURD.

Se garder de la pollution en mer

En matière de pollution, la meilleure défense c'est l'attaque : la prévention

Exiger le respect des normes de sécurité pour les bâtiments qui accostent dans les ports d'Europe, exiger que leurs équipages soient qualifiés, suivre à la trace les cargaisons les plus nocives, les dérouter si nécessaire, suivre en temps réel le trafic qui longe nos côtes, exercer notre pouvoir de "police de la route" maritime à l'encontre des chauffards des mers, assister enfin les bateaux en difficulté. Voilà l'arsenal toujours perfectible qui limite les risques.
Mais l'inévitable peut encore se produire. Les vents et courants dominants en Atlantique (qui poussent les pollutions d'ouest en est) nous condamnent quasi systématiquement au rôle de victime des marées noires.
Il faut alors lutter par tous les moyens. Là encore la Marine ne fait pas cavalier seul ; les avions des Douanes sont équipés de caméras de détection des nappes ; les pays européens mobilisent leurs bateaux de dépollution, les pêcheurs sont équipés de chaluts adaptés à la récupération du pétrole en pleine mer. L'amiral préfet maritime coordonne l'action de tous ces moyens. Lui-même est en étroite relation avec les préfets terrestres qui organisent la lutte contre la pollution échouée sur le littoral.

Une tonne de déchets pétroliers récupérée en mer évite 10 tonnes de déchets à terre

Pour récupérer le pétrole en mer, il faut d'abord repérer les nappes avec les avions *Polmar* des *Douanes*, les *Falcon* et *Atlantique* de la Marine, les hélicoptères embarqués sur les bateaux. Cette détection dépend de la nature de l'hydrocarbure : le fuel léger forme une très fine pellicule irisée qui se disperse et s'évapore aisément ; le fuel lourd s'amalgame progressivement en boulettes dont la densité s'accroît avec les tempêtes. Les boulettes finissent par naviguer entre deux eaux, indétectables depuis les airs.
Il faut ensuite ramasser le pétrole. L'important c'est alors l'adaptabilité.
Lorsque le pétrole est en nappe, il est possible de le pomper, parfois après l'avoir réchauffé s'il est très visqueux. Lorsqu'il est en boulettes, il est nécessaire de le ramasser à l'épuisette.
La Marine affrète des remorqueurs spécialisés dans le pompage des hydrocarbures, aujourd'hui l'*Alcyon* et l'*Ailette*.
Des projets sont à l'étude pour améliorer les systèmes de dépollution. Néanmoins, il existe une limite quasi-infranchissable. Les pétroliers coulent toujours dans des mers démontées, et la tempête est le premier obstacle à la récupération des hydrocarbures en mer.

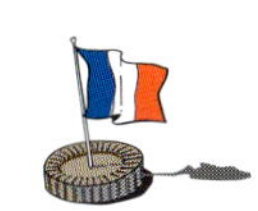

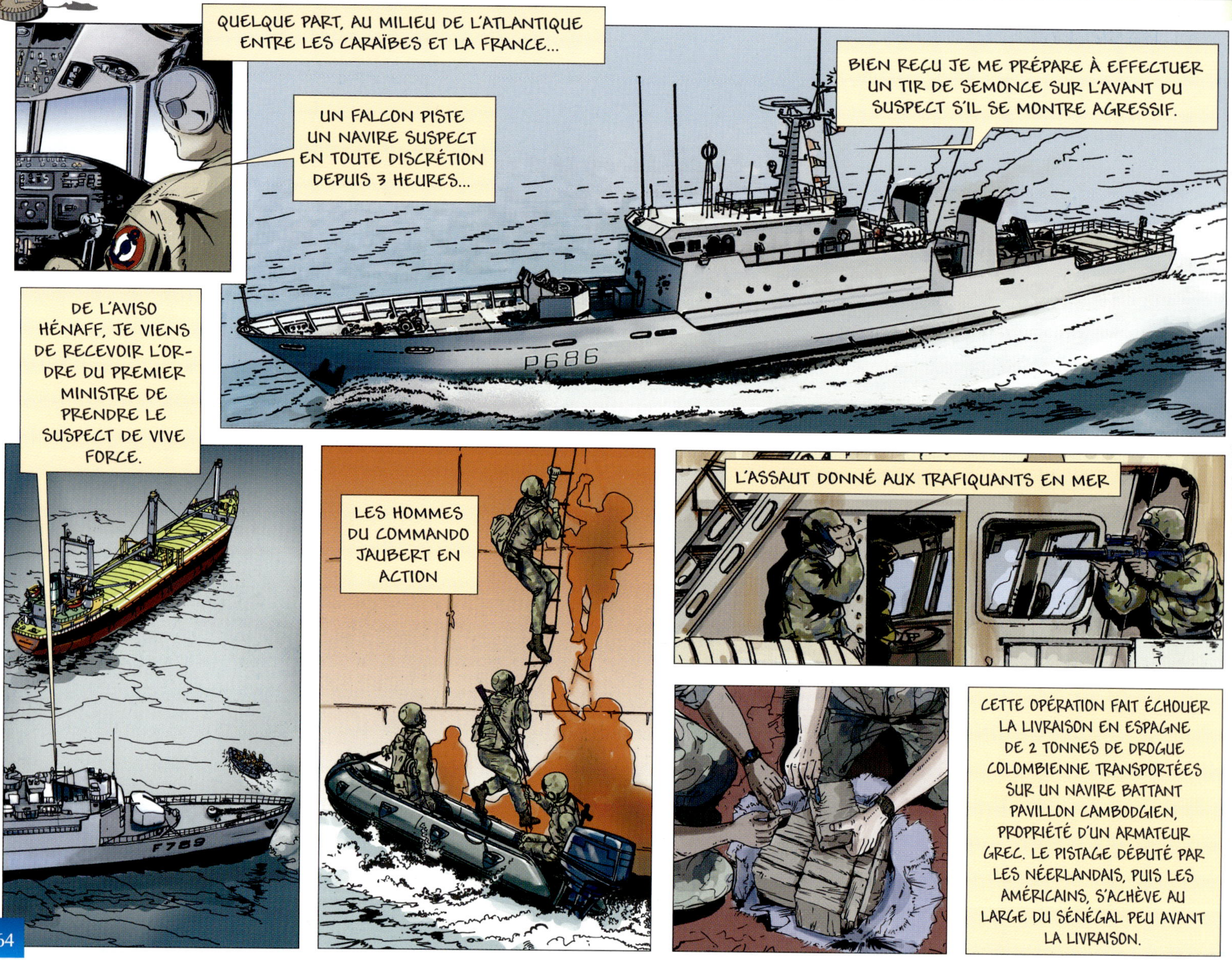
QUELQUE PART, AU MILIEU DE L'ATLANTIQUE ENTRE LES CARAÏBES ET LA FRANCE...
UN FALCON PISTE UN NAVIRE SUSPECT EN TOUTE DISCRÉTION DEPUIS 3 HEURES...
BIEN REÇU JE ME PRÉPARE À EFFECTUER UN TIR DE SEMONCE SUR L'AVANT DU SUSPECT S'IL SE MONTRE AGRESSIF.
P686
DE L'AVISO HÉNAFF, JE VIENS DE RECEVOIR L'OR-DRE DU PREMIER MINISTRE DE PRENDRE LE SUSPECT DE VIVE FORCE.
F789
LES HOMMES DU COMMANDO JAUBERT EN ACTION
L'ASSAUT DONNÉ AUX TRAFIQUANTS EN MER
CETTE OPÉRATION FAIT ÉCHOUER LA LIVRAISON EN ESPAGNE DE 2 TONNES DE DROGUE COLOMBIENNE TRANSPORTÉES SUR UN NAVIRE BATTANT PAVILLON CAMBODGIEN, PROPRIÉTÉ D'UN ARMATEUR GREC. LE PISTAGE DÉBUTÉ PAR LES NÉERLANDAIS, PUIS LES AMÉRICAINS, S'ACHÈVE AU LARGE DU SÉNÉGAL PEU AVANT LA LIVRAISON.

Se garder des trafics illicites

L'explosion du trafic maritime s'est logiquement accompagnée d'une explosion des trafics illicites par voie maritime. Les mafias internationales organisent l'immigration clandestine en Méditerranée, le narcotrafic dans la zone des Caraïbes, la piraterie en mer de Chine ou au large de la Somalie.

Leur collusion avec les réseaux terroristes est souvent avérée.

Ces trafics menacent notre pays et ses voies d'approvisionnement. L'expérience montre qu'il est nécessaire de les neutraliser près de leurs bases, au plus loin de notre littoral. Ce qui nécessite des moyens de surveillance permanents, l'échange de renseignements dans les réseaux de lutte contre la criminalité internationale et des moyens d'intervention en haute mer.

Ces opérations sont nouvelles et difficiles car elles sont toujours à la frontière entre l'action de service public, conduite sous l'autorité du Premier ministre (via le Secrétariat Général à la Mer), avec des aspects policiers et juridiques importants, et l'opération militaire interarmées, en haute mer où l'usage de la force est souvent nécessaire face à la détermination de mafieux qui n'ont plus rien à perdre quand ils se sentent découverts.

Des forces navales européennes comme la FNFA (Force Navale Franco-Allemande) ou l'Euromarfor (European maritime force) hispano-lusitano-italo-française sont par exemple très actives dans la lutte contre le terrorisme international. C'est l'opération *Enduring Freedom*, en océan Indien.

ICI LE PATROUILLEUR CORMORAN EN MISSION DE POLICE DES PÊCHES DANS LE GOLFE DE GASCOGNE. UNE ÉQUIPE DE CONTRÔLE VA SE RENDRE À VOTRE BORD.
P676
VÉRIFICATION DE LA TAILLE DES MAILLES.
BONNE PÊCHE ! ON RESTE À PROXIMITÉ POUR LA SEMAINE.
VOUS ÊTES EN ACTION DE PÊCHE DANS UNE ZONE RÉSERVÉE. JE DRESSE UN PROCÈS-VERBAL.
LE CAMOLCA EST UN PALANGRIER HORS D'ÂGE À LA RECHERCHE DE L'OR BLANC : LA LÉGINE DES KERGUELEN.
CAMOLCA DE FLORÉAL. VOUS ÊTES DANS LA ZONE DES KERGUELEN EN PÊCHE ILLÉGALE.
24 HEURES PLUS TARD :
LE PROCUREUR DE LA RÉPUBLIQUE ORDONNE VOTRE DÉROUTEMENT VERS LA RÉUNION. FAITES ROUTE AU 350, ON Y SERA DANS 7 JOURS.

Garder nos ressources halieutiques

Tous les bateaux de pêche de pays de l'Union européenne sont autorisés à pêcher dans la Zone Economique Exclusive (ZEE) française qui s'étend jusqu'à 200 milles marins (360 kilomètres) des côtes. C'est l'Europe bleue.

Cette pêche est réglementée par la France et l'Europe. On ne pêche pas n'importe comment (filets maillants dérivants par exemple), n'importe où. Il y a des licences de pêche, des quotas de pêche. Il s'agit de préserver nos ressources maritimes.

Les patrouilleurs de la Marine sous l'autorité de l'administration des Affaires maritimes contrôlent l'application de toutes ces règles. En cas d'infraction, ils avertissent, sanctionnent et parfois déroutent les contrevenants vers un port français.

Loin du littoral métropolitain, autour des Dom et des Tom, la France dispose de la troisième zone économique exclusive mondiale, 11 millions de km^2, 22 fois la superficie de la France.

Ces zones sont parfois riches en crustacés (Guyane) et en poissons (Kerguelen). La Marine protège ces ressources. Par exemple, dans les mers démontées des 40e Rugissants et des 50e Hurlants, au milieu des tempêtes cyclopéennes de l'océan austral les frégates de surveillance traquent les braconniers, des équipages sous-payés qui risquent leur vie sur des palangriers-épaves au profit d'investisseurs cyniques. Déroutés vers La Réunion, les contrevenants risquent de très lourdes amendes, leurs bateaux sont saisis. En Guyane, des renforts réguliers d'avions de surveillance, de commandos, de frégates appuient l'action permanente des patrouilleurs basés sur place.

LE BÂTIMENT HYDRO-OCÉANOGRAPHIQUE (BHO) BEAUTEMPS-BEAUPRÉ EN MISSION DE RELEVÉS DE FONDS AU LARGE DES AÇORES.
A758
LE PHARE DU PORZIC DANS LE 350, ON EST SUR LA ROUTE.
PARÉ À FILER LE SONAR REMORQUÉ LATÉRAL.
A TOUS LES NAVIGATEURS DU SÉMAPHORE DE GROIX, ON PASSE CANAL 12 POUR DIFFUSION D'UN BULLETIN MÉTÉO.

Produire une carte marine

Est-ce que la Marine aide les navigateurs ?

La Marine, tout comme la Gendarmerie d'ailleurs, a reçu dans son appellation le titre de "nationale" parce qu'elle accorde un pourcentage important de ses heures de fonctionnement (de l'ordre de 25 %) à des missions civiles au service du public.

Certaines actions sont très visibles, comme par exemple le sauvetage en mer lors des grandes tempêtes, d'autres le sont moins. Pour aider les navigateurs, la Marine a constitué un service spécial, le Service Hydrographique et Océanographique de la Marine (SHOM).

Ce service édite et met à jour toutes les cartes pour naviguer en sécurité, les livres qui décrivent les phares et les dangers aux abords des côtes, des documents qui donnent conseils et soutien aux professionnels aussi bien qu'aux plaisanciers de la mer.

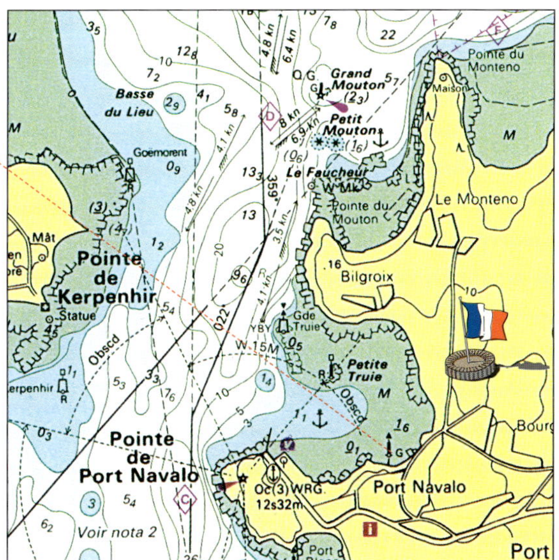

Comment fabrique-t-on une carte marine ?

La science qui consiste à tracer des cartes marines se nomme "l'hydrographie" ce qui, en grec, veut dire "dessiner l'eau", comme "géographie" veut dire dessiner la terre. La science qui s'intéresse à la connaissance des océans, la nature de l'eau, sa salinité, les courants marins, les marées... se nomme l'océanographie.

Réaliser une carte marine nécessite de réaliser deux opérations : il faut connaître les fonds marins c'est-à-dire leurs profondeurs, que l'on appelle les sondes, aussi bien que leur nature (roche, sable...) pour savoir par exemple s'il est propice de mouiller l'ancre. D'autre part, il faut relever le trait des côtes et repérer tout ce qui aidera le navigateur à reconnaître sa position : phares, églises, pics rocheux...

Ces repères se nomment des amers.

COMME TU PEUX LE VOIR SUR CETTE CARTE, TOUS LES REPÈRES CÔTIERS SONT BIEN INDIQUÉS POUR LES NAVIGATEURS.

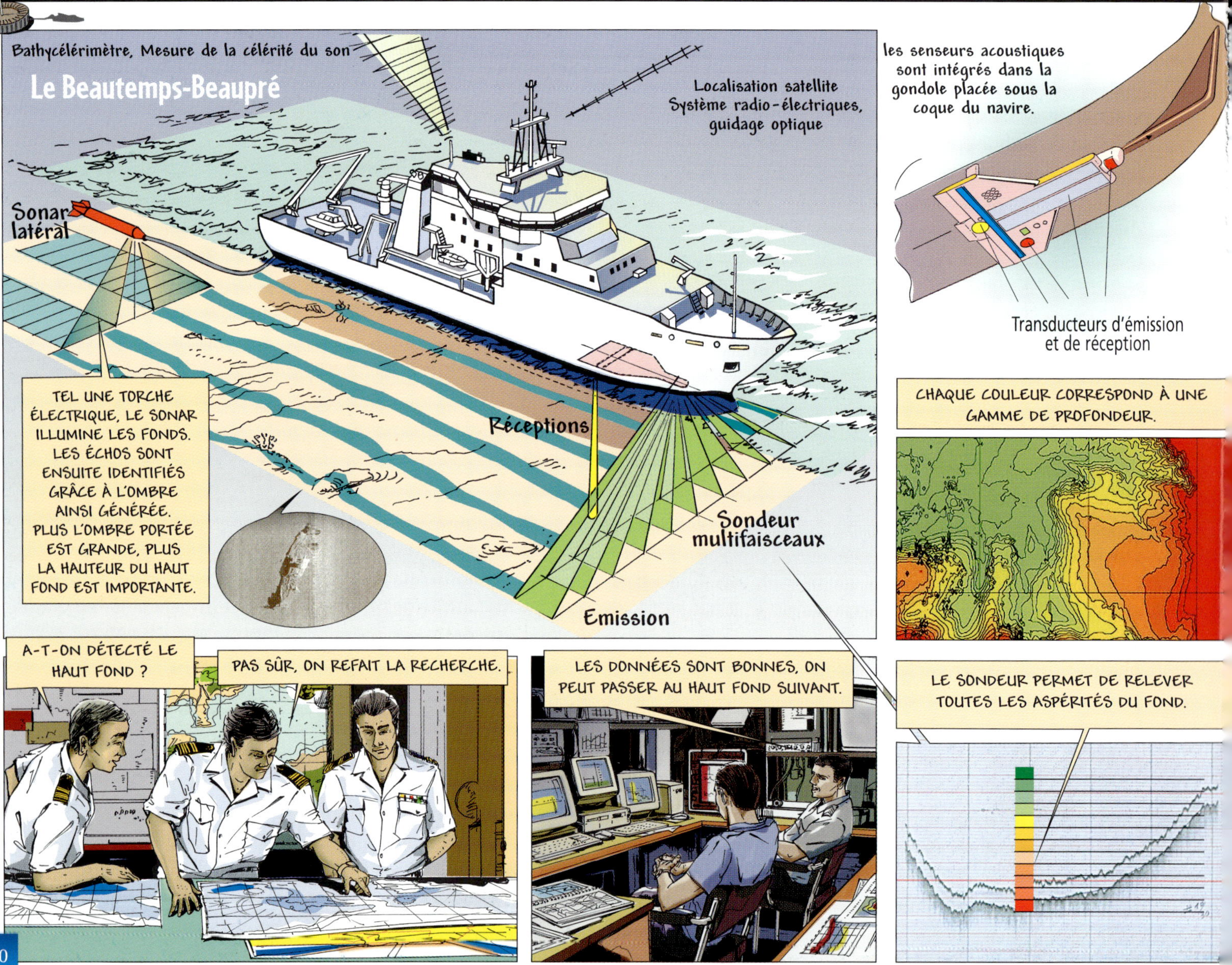
Bathycélérimètre, Mesure de la célérité du son
Le Beautemps-Beaupré
Localisation satellite
Système radio-électriques,
guidage optique
Sonar latéral
TEL UNE TORCHE ÉLECTRIQUE, LE SONAR ILLUMINE LES FONDS. LES ÉCHOS SONT ENSUITE IDENTIFIÉS GRÂCE À L'OMBRE AINSI GÉNÉRÉE. PLUS L'OMBRE PORTÉE EST GRANDE, PLUS LA HAUTEUR DU HAUT FOND EST IMPORTANTE.
Réceptions
Sondeur multifaisceaux
Emission
les senseurs acoustiques sont intégrés dans la gondole placée sous la coque du navire.
Transducteurs d'émission et de réception
CHAQUE COULEUR CORRESPOND À UNE GAMME DE PROFONDEUR.
A-T-ON DÉTECTÉ LE HAUT FOND ?
PAS SÛR, ON REFAIT LA RECHERCHE.
LES DONNÉES SONT BONNES, ON PEUT PASSER AU HAUT FOND SUIVANT.
LE SONDEUR PERMET DE RELEVER TOUTES LES ASPÉRITÉS DU FOND.

Comment mesurer les fonds marins ?

Jadis on utilisait un plomb de sonde pour mesurer le fond et on se positionnait grâce à un instrument de marine appelé cercle hydrographique.

Aujourd'hui, les navires de la Marine spécialisés dans les travaux hydrographiques disposent de sondeurs multifaisceaux pour identifier les fonds marins, repérer les épaves ou les montagnes sous-marines, et de satellites pour assurer un positionnement très précis.

La Marine a acquis un tout nouveau navire hydro-océanographique, le *Beautemps-Beaupré,* en 2003. Avec le *Pourquoi-Pas* ? qui arrivera en 2005, elle partagera avec l'Ifremer deux bateaux de recherche à la pointe de la technologie.

Comment tracer les cartes ?

Le travail de relevé de côtes s'apparente aux opérations réalisées par les géomètres pour tracer les cartes terrestres, les hydrographes utilisent les photos aériennes et surtout les images satellites.

Et l'océanographie ?

Les navires océanographiques de la Marine auscultent également la masse d'eau des océans. Ils observent la température, la salinité et les courants. Grâce à des ordinateurs surpuissants, ces mesures permettent de réaliser des prévisions de propagation du son dans la mer au profit des sous-marins : ils savent ainsi où se cacher et où se placer pour mieux écouter.

Mon cher Thibault,

Te voilà savant en stratégie navale, celle de nos jours, de notre début de XXIe siècle. C'est la stratégie d'une puissance maritime — la France, l'Europe — qui considère que les océans ne lui sont pas disputés, qu'elle peut y déployer sa force pour peser sur les crises et les conflits, avec souplesse et endurance. Cette stratégie, dirigée de la mer vers la terre pour la dissuasion comme pour l'action et de la terre vers la mer pour la sauvegarde, est assez différente de celle qui prévalait, il y a 15 à 50 ans. Les outils de la stratégie étaient similaires : porte-avions, frégates, sous-marins, avions, commandos, mais les objectifs étaient autres. A cette époque, la suprématie navale ne nous était pas acquise, il fallait d'abord conquérir l'océan. L'histoire maritime du monde, de Salamine aux opérations contre le terrorisme en Afghanistan, nous a placé successivement et plusieurs fois dans chacune de ces deux positions : jouir de la puissance maritime ou la disputer à un adversaire.

Cette histoire nous a montré que la puissance maritime d'une nation était un révélateur fidèle de sa puissance tout court, parce qu'elle a toujours résulté d'une constance politique inspirée, du génie d'un peuple pour son organisation juridique, financière, industrielle et administrative, d'une extrême habileté technologique, d'une ambitieuse intelligence commerciale et de l'art difficile de rassembler des équipages affûtés, ardents et pugnaces.

Cette diversité dans les causes de la puissance maritime est le reflet de la diversité des savoir-faire que nous venons de passer en revue. Notre pays — notre continent —, en dispose, c'est un des signes de notre ambition.

LA STRATÉGIE NAVALE expliquée à Thibault

GÉNÉRIQUE

Réalisation : Christophe PRAZUCK
Conception - Mise en images : Christian BOURBON
Chargée de production : Anne PAVARD
Scénario : Jean-Marie BENEZET
Michel PERCHOC

Avec l'aimable participation de l'Ardhan, du CF Bertinot, du CC Vincent Freydier et du CC François-Xavier Waroux.

Coproduction : Marine nationale - Marines éditions
13, rue du Breil - 35063 Rennes Cedex - Tél. : 02 99 32 58 47.

ISBN 2-909675-93-9
Dépôt légal : novembre 2003
Impression : Pollina - France - n° L91326
Achevé d'imprimer en novembre 2003